남명

그 먼 발치를 탐하다

남명, 그 먼발치를 탐하다

초판 1쇄 인쇄 2023년 12월 10일
초판 1쇄 발행 2023년 12월 15일

지은이 최구식
발행인 황정필
발행처 실크로드

출판등록 제406-251002010000035호

주　　소 경기도 파주시 문발로 214-12
전　　화 031-955-6333~4 | 팩스 031-955-6335
이메일 silkroad6333@hanmail.net

ISBN 978-89-94893-48-8 (03900)

책값은 책표지 뒤에 있습니다.
이 책은 실크로드가 저작권자와의 계약에 따라 발행한 것이므로 저작권법에 따라 무단 전재와 복제를 금합니다.

남명
그 먼발치를 탐하다

최구식 저

실크로드
silkroad

책 / 을 / 내 / 면 / 서

    내 첫 직업은 '화순최씨 수우당파 12대 종손 비서실장'이다. 글과 셈을 익히면서부터 12대 종손인 선친(최준열)의 서기 겸 수행실장을 했다. 수우당을 모신 진주 도강서당 보수작업을 할 때는 문중을 돌며 집마다 돈을 걷었는데 그 내역은 내 손글씨로 깨알같이 기록돼 있다.
    나는 남명 조식 선생(1501~1572)과 관련 역사적으로 가장 중요한 시설인 덕천서원 바로 뒤에 있는 집에서 태어났다. 행정지명으로는 경상남도 산청군 시천면 원리이고 전통지명으로는 덕산이다. 덕천서원 옆 덕산 초등학교에 입학해 4학년까지 다녔으니, 태어나서 첫 10년을 덕천서원의 자기장 속에서 살았다.

지금 일하는 한국선비문화연구원은 시천면 사리에 있다. 덕천서원까지 차로 2분이 안 걸린다. 원리와 사리는 덕천강을 사이에 두고 있다. 덕천강은 지리산 천왕봉 바로 밑 천왕샘에서 발원해 동쪽으로 약 40km를 흘러 진주에서 경호강과 합류해 남강이 된다. 덕천서원까지는 지리산 산비탈을 내려오는 급류 구간으로 강물이 쏜 화살처럼 흐른다고 화살 시(矢) 자를 써 시천이 됐다.

덕천서원은 동네 아이들에게 금단의 성역이었다. 우리는 '게이당'(서원 본건물의 명칭인 경의당을 서부 경남식으로 발음한 것)이라고 부르면서 옆을 지나다녔다. 들어가 볼 수는 없었다. 어린 마음이었지만 지날 때마다 서늘한 바람이 불어오는 듯했고 뭔가 성스럽고 대단한 공간이라는 느낌이 들었다. 그런 곳에서 어린 시절을 보낸 기억은 내 마음속 깊이 자리를 잡고 있다. 누구도 어떻게 할 수 없는 무언가가 나의 내면에 있다는 느낌 같은 것이다.

내 정체성을 하나만 들라고 하면 나는 남명파의 후예다.

2004년 국회의원 당선돼 여의도에 들어갔을 때 이렇게 말하곤 했다.

"남명파가 400년 만에 마침내 나라의 중심에 다시 들어왔다."

정확하게 말하면 2004년은 400년은 아니다. 남명파가 나라의 중심에 있다가 쿠데타로 밀려난 것이 1623년의 일이니 381년 만이었다. 올해 2023년이 딱 400년이 된다.

나는 성경, 불경, 논어 등 경전 읽는 것을 좋아한다. 스승과 제자들이 남긴 기록을 통해 수천 년 전에 있었던 인류사의 위대한 장면들을 상상해 보곤 한다. 공자가 증자에게 '나의 도는 하나로 통한다.'고 하자 증자가 즉각 '예'라고 대답하는 것을 교실 밖에서 청강하고 있던 다른 제자들이 무슨 상황인지 궁금해하다가 공자가 외출하자 증자에게 몰려들어 물어보는 논어 '이인편'을 읽으면서 2500년 전 공자학교 캠퍼스와 수업하던 광경을 그려본다.

그로부터 2000년 뒤의 일이니, 남명과 제자들의 기록은 훨씬 풍부하다. 소년기에 드러난 타고난 자질, 청년기에 내린 만백성을 위해 살겠다는 결단, 수십 년에 걸친 초인적인 노력, 마침내 도달한 지적·인격적·정신적 경지, 모여드는 제자들과 스승을 받들어 모시는 태도, 제자들과의 대화, 남명이 남긴 어록, 당대의 평가 등등 다 알 수 있다. 그 기록을 읽고 나는 남명이 성인의 반열에 올랐다고 믿게 됐다.

　남명을 늘 염두에 두면서 살았다. 어떤 상황이 닥치면 남명은 이때 어떻게 하셨을까 생각하면서 될 수 있으면 그분이 하셨을 법한 말과 행동을 하려고 했다. 감히 따라갈 수는 없는 일이다. 하지만 남명파의 후예로서 또 가장 가까운 제자의 후손으로서 그 먼발치나마 따르려 애쓰며 살려고 했다.

　남명에 관한 책과 논문은 많지만 내가 생각하는 남명을 써보아야겠다는 생각을 한 지는 오래됐다. 엄두를 내지 못하고 여유를 갖지 못하는 가운데 시간만 흘렀다. 2011년 12월부터 여러 가지 일들이 터지기 시작했다. 곡절을 거쳐 2016년 한국선비문화연구원으로 왔다. 남명을 염두에 두는 정도가 아니라 아예 남명으로 살아야겠다고 다짐하면서 원장직을 맡았다.

　세상에 두 종류의 사람이 있다고 생각한다. 고마운 사람과 더 고마운 사람이다. 가장 고마운 아버지와 어머니는 오래전에 돌아가셨다. 아내 강선자와 지호, 수종 두 아들은 내가 겪는 풍파를 맨 앞에서 맞았다. 잘 견뎌주어 미안하고 고맙다는 말을 전하고 싶었다.

　　조옥환 남명학진흥재단 이사장이 아니었다면 남명과 관련된 일은 처음부터 쉽지 않았을 것이다. 재정 문제를 전적으로 도맡았을 뿐만 아니라 김충열, 오이환 등 당대의 석학들을 도와 초창기 남명학의 학문적 방향을 잡는 데도 큰 역할을 했다. 조 이사장을 보좌하며 매사 협조를 아끼지 않는 조온환, 조종명 등 문중의 어른들께도 감사를 전한다. 조규일 진주시장은 정무부지사 시절 만났는데 "수우당 13세손(최구식)이 남명 13세손(조규일)을 잘 모시는 것은 수백 년 내려온 우리 가문의 전통"이라고 농담하면서 잘 지냈다.

　　남명선양사업 초창기에 함께 나서주신 이정한 총장과 권순찬 학장 그리고 박종한, 최재호 교장 등 교육계 어른들의 도움과 김장하 선생의 후원도 기억해야 할 내용이다.

　　경상국립대 한문학과에 허권수, 최석기, 이상필 전 교수들이 동시대에 있었다는 것은 남명을 위해서나 우리나라 정신사 복원을 위해 크나큰 행운이다. 허권수 교수는 남명과 K-기업가 정신을 연결하는 데 중요한 역할을 했다. 존경하는 벗 권순기 경상국립대 총장의 열정과 통찰력에는 늘 감탄한다.

　　연구원 설립 이후 모든 과정에서 큰 역할을 한 이재근 전

산청군수, 연구원의 초석을 놓은 박태갑 사무처장과 김경수 박사, 실무를 맡은 하은호 과장의 공로는 아무리 강조해도 지나치지 않다.

   흔들릴 때마다 붙잡아 준 정한택 선배님과 사랑하는 누님 최수임, 최성임 등등 고마운 분들이 너무 많다. 그 은혜 앞으로 갚아나가는 수밖에….

차례

들어가기 전에
남명파의 두 얼굴: 장군과 기업인

1. 칼 찬 선비들의 전쟁 — 27
남명과 수우당의 부르심 — 37
풍전등화, 이순신 함대 후방을 사수하다 — 59
선조, 멸망의 씨앗을 심다 — 87
인조반정과 남명 학파의 몰락 — 94
인고의 4백 년, 화려한 부활 — 103

2. 조선왕조의 공화주의자 — 133
왕에게 보낸 편지 "어린 한 고아일 뿐" — 138
왕의 반격 "그대가 제갈량보다 나은가" — 150

③ K 기업가 정신의 뿌리, 남명 · 167

한국경영학회, 기업가 정신 수도 진주 선포	172
남명에 관한 일화들	182
시인 남명	182
천하제일관문 화류관문	191
남명의 유머	198
공리공론 음풍농월 배격	201
죽고 사는 것은 평범한 이치니라	204

④ 나의 패밀리 비즈니스 · 213

고단한 시절, 탄원서들	217
국비 확보, 어둠 속 한 줄기 빛	237
초대 경남 서부 부지사	244

기고문/ 수우당 복향을 지켜보며 · 253

들/어/가/기/전/에

―
남명파의 두 얼굴: 장군과 기업인
―

첫째

평소에는 기업인

역사책 읽는 것을 좋아한다. 어디서 왔는지 알아야 어디로 가야 할지 방향을 알 수 있기 때문이다.

대한민국의 경제발전은 세계사의 기적이다. 원래 선진국이 지금도 선진국이다. 출발할 때 앞에 섰던 나라가 지금도 앞에 있다. 유일한 예외가 우리나라이다. 더 놀라운 것은 선진국 대열 끄트머리에 매달려가는 정도가 아니라 이제 선두 그룹으로 치고 나갈 기세라는 사실이다. 따라잡을 것이라고는 꿈도 꾸지 못했던 나라들을 이미 제치고 있다.

어떻게 이런 일이 가능한가. 이 기적 같은 발전은 도대체 어디에서 온 것일까. 이 질문에 대한 해답을 찾아야만 앞으로 어떻게 해야 세계를 이끄는 문명 대국으로 나갈 수 있을지 방향을 잡을 수 있겠다고 생각했다. 오래 고민하고 나름 모색했다.

한국선비문화연구원에서 가장 중요한 행사는 매년 10월 셋째 주 금요일부터 토요일까지 열리는 남명제다. 남명제는 언제나 국제 학술회의로 시작된다. 2021년 45회 남명제 국제 학술회의 주제는 '동서양 문화의 핵심 정신/선비정신, 사무라이 정신, 기사도 정신 비교'였다. 그때 초청장에 이렇게 썼다.

"한국선비문화연구원은 선비정신이 우리 정신 문화의 근본임을 인식하고 선비정신의 표상인 남명 조식 선생의 가르침을 연구 계승하는 일을 주로 하고 있다. 우리에게 선비정신이 있다면 유럽에는 기사도 정신, 일본에는 사무라이 정신이 있다. 이런 핵심 정신이 있었기에 각자 뛰어난 문명을 꽃피우게 되었을 것이다.

연구원 출범 5년을 맞아 올해 국제 학술회의는 '동서양 문화의 핵심 정신'을 주제로 잡았다. 각 정신 문화가 구성원들에게 어떻게 작용하여 공동체를 성공으로 이끌게 되었는지 비교 분석함으로써 4차 산업혁명이 진행 중인 오늘에 어떻게 적용할 수 있을지 모색하는 야심적인 도전이다. 어떤 위대한 성취도 그 출발은 하나의 생각이다. 대한민국의 오늘은 어떤 하나의 생각으로부터 출발했을까. 더 나은 내일로 가기 위해서는 어떤 생각으로 다시 출발해야 할까."

2023년 10월 20일 열렸던 47회 남명제 국제 학술회의는 주제를 '남명 사상, K-기업가 정신의 뿌리'로 정했다. 애초에는 '남명 사상과 K-기업가 정신'으로 하려고 했다. 20세기의 명저 중 하나로 막스 베버가 쓴 「프로테스탄트 윤리와 자본주의 정신」에서 원용했다. 세계적 차원에서 자본주의의 뿌리를 청교도 윤리에서 찾으려 했던 것처럼 우리나라 차원에서 기업가 정신의 뿌리를 남명 사상에서 찾으려고 했다.

2년 만에 진도가 많이 나간 셈이다. 이번 초청장은 이렇게 썼다.

"세계적으로 K-문화 열풍이 불고 있는 가운데 K-기업가 정신도 새롭게 조명되고 있다. 진주지역이 K-기업가 정신의 본고장이며 그 근원에는 남명 사상이 자리 잡고 있다는 연구성과가 도출되고 있다. 지난 7월 9일부터 3일간 'K-기업가 정신 진주 국제포럼'이 개최되어 세계중소기업협의회(ICSB)의 아이만 타라비쉬(Ayman Tarabishy) 회장과 김기찬 의장을 비롯하여 세계 각국에서 많은 학자와 기업가들이 참여해 성황을 이루었다. 올해 국제 학술회의는 국제포럼에 이어 남명 사상과 K-기업가 정신이 구체적으로 어떻게 연결되는지를 찾아보는 연속적 행사로 기획했다."

　남명이 ICSB(International Council for Small Business)를 만난 것은 대사건이다. ICSB는 기업가 정신 연구에 관한 한 세계적으로 권위 있는 기관으로 85개국에 회원이 있고 발행하는 저널(JSBM)에만 6만여 명이 참여하고 있다. 기업가 정신 확산을 통한 창업으로 전 지구 차원에서 인류의 행복을 증진한다는 취지로 OECD 등 주요 국제기구와도 관계가 깊다.

　국제포럼에는 타라비쉬 회장(미국 조지워싱턴대학교 교수)이 세계 47개국에서 ICSB 주요 관계자 50여 명 등 120여 명의 대규모 방문단을 이끌고 참석했었다. 조규일 진주시장의 주선으로 국제포럼 마지막 행사는 7월 11일 한국선비문화연구원에서 열렸다. 세계 경영학계 석학들이 포함된 글로벌 귀빈들의 역사적인 남명 방문 자리에서 이렇게 말했다.

"남명이 살았던 시대는 이기론과 사단칠정론의 시대였다. 이기일원론, 이발기발설 등 말을 위한 말, 논쟁을 위한 논쟁만 있을 뿐 백성들 먹고사는 현실의 문제는 논의 밖이었다. 「노자」「장자」를 읽으니 진정한 학자가 아니라고 공격받는 바람에 남명마저 스스로 방어해야 할 정도였다. 그런 시절에 남명은 이런 말을 했다.

'그림의 떡으로는 배가 부르지 않다.'

'손으로 물 뿌리고 빗자루질하는 법도도 모르면서 입으로는 천리(天理)를 말하며 이름을 훔쳐 세상을 속이려 한다.'

'학문은 고원한 것을 말하거나 문자를 기억하고 암송하는 사이에 있는 것이 아니다.'

'자는 집마다 있는 것이지만 어떤 사람은 천자의 구장복을 만들고 어떤 사람은 버선도 못 만든다.'

'하늘이 아니라 사람의 일이 먼저다.'

먹고사는 문제, 요즘 말로 비즈니스라고 할 만한 이런 말은 지금은 누구나 하는 것이지만 그때는 남명 말고는 아무도 못 했다. 못 했다기보다는 아예 관심이 없었을 것이다.

남명의 학문은 동시대 다른 학자들과 많은 면에서 판이하게 달랐다. 학문이란 백성들의 실제 삶에 도움이 되어야 하고 그러자면 알기만 해서는 안 되고 실천까지 가야 한다고 가르쳤다. 성리학만 학문인 줄 알던 시절, 남명은 불교와 노장은 물론 천문, 지리, 의약, 병법까지 백성에게 필요한 것이면 무엇이든 배우고 익히고 가르쳤다. 다른 사람의 말이었다면 세월을 견디지 못했을 것이다. 하지만 남명의 말씀은 수백 년을 살아남아 진주를 중심으로 제자 문중을 통해 대대로 전해 내려왔다. 자본주의가 도입되기 전에는 따로 경제라 할 만한 것이 없었기 때문에 남명의 말씀도 큰 변별력을 갖지 못했다. 20세기 들면서 자본주의와 근대 비즈니스 개념이 도입돼 진주까지 전파됐다. 남명의 말씀과 자본주의가 처음 만난 것이다. 이 역사적 만남의 순간을 이렇게 상상하곤 한다. 남명의 말씀이 유증기(油蒸氣)처럼 진주를 가득 채우고 있다. 여기에 자본주의라는 성냥 한 개비를 긋는다. 펑! 대폭발이 일어난다. 삼성, LG, GS, 효성 같은 대기업 창업자들이 한 도시에서 거의 동시에 등장한 이유를 달리 설명할 방법을 찾지 못했다."

이 말을 할 때 준비해 간 성냥을 실제로 그어 불을 붙였다. 타라비쉬 회장이 불쑥 나오더니 기념품 하겠다며 성냥갑을 가져가 버렸다. 작은 성냥갑이 흔치 않아 다시 구하는 데 애를 먹었지만 전달하고자 했던 것은 어느 정도 전해진 것 같았다.

둘째

전시에는 의병장

돌이켜보면 이상하다 싶은 정도로 임진왜란과 인연이 깊었다.

조선일보 문화부 기자로 일하던 1992년 4월 임진왜란 4백 주년 특집기사를 연재했다. 임진왜란 전문가를 수소문하니 모두 허선도 국민대 교수를 꼽았다. 마침 진주고등학교 선배였다. 벽제관, 행주산성 등 임진왜란 주요 전투 현장을 직접 데리고 가 눈앞에서 보는 듯 생생하게 설명했다.

7년 차 소장 기자 혼자서 신문지면 1개면 전체를 털어 쓰는 대형기사를 시리즈로 썼다. 열심히 취재하고 자료 모으고 공부하고 했다. 임진왜란의 기본 얼개를 파악할 수 있었다.

아는 만큼 보이고 보이는 만큼 사랑하게 된다는 말이 있다. 임진왜란을 사랑하게 됐다. 이후 임진왜란과 조금이라도 관련이 있으면 달려갔다. 책이든 자료든 영화든 드라마든 관련된 장소든 무조건 챙겼다. 일본 갔을 때는 도요토미 히데요시가 임진왜란 준비를 위해 급히 조성한 '전쟁 신도시' 나고야(名護屋)도 갔다. 그때까지만 해도 임진왜란과 내가 얼마나 깊이 연관돼 있는지는 몰랐다.

2004년 국회의원이 되어 8년 동안 일했다. 국회의원은 직업이 전투다. 3백 명이 모여 각자 자기가 대표하는 지역과 세력을 위해 싸운다. '글래디에이터'라는 영화를 보면서 국회의원은 국회라는 아레나에서 싸우는 검투사라는 생각을 했었다. 무기는 칼이 아니라, 말이다.

말로 싸우는 것이니 논리와 명분이 중요했다. 논리와 명분에는 근거가 중요했다. 근거가 있으면 이기고 없으면 졌다. 일말의 근거라는 말도 있지 않은가. 예컨대 진주가 다른 지역에

비해 살기 힘드니 국책사업을 진주로 가져가야 한다는 주장은 근거가 약했다. 살기 힘들지 않은 지역이 어디 있느냐는 반론에 바로 깨졌다.

근거를 찾는 데는 역사가 최고였다. 조상들이 이 땅에서 대대로 살아오는 과정에서 수백, 수천, 수만 년 세월을 거치며 축적된 지혜인지라 근거가 강력했다. 조정 인재 반재영남, 북평양 남진주 등 역사에 나오는 말을 가져와 현안에 맞게 논리를 전개하면 난공불락이었다. 그중에서도 최고가 임진왜란이었다. 국회의원 임기 시작되자마자 바로 알게 됐다. 임진왜란만 들고 나가면 이긴다는 사실을. 임진왜란 공부에 더욱 몰두했다.

국회의원 간에 벌어지는 전투는 모두 실전이라 자칫 하나라도 틀리면 즉각 반격이 들어온다. 국회의원은 하다못해 논두렁 정기라도 타고 나야 한다는 말이 있는 것처럼 한 사람 한 사람 보통이 아니었다. 한 치의 빈틈만 있어도 즉각 밀고 들어왔다. 실전을 거듭하면서 연마한 끝에 나름대로 역사에 관한 하나의 관점을 갖게 됐다.

임진왜란과 남명파 의병장과 임진년 진주대첩과 이듬해 계사순의와 인조반정과 병자호란과 이후의 슬픈 조선사 이야기를 꺼내면 어떤 상황에서 누구와 붙든 이겼다.

'1593년 4월 13일 오전 8시 침략군 제1군 고니시 유키나가의 18,700명이 대마도 대포항을 출발해 오후 5시경 부산 영도 앞바다에 도착하면서 임진왜란이 시작됐는데….'라고 말문을 열면 아무도 맞설 생각을 하지 못했다. 거기에 4백 년 만에 나라 중심으로 돌아온 남명파의 후예라고 내 체중까지 실어버리면 그야말로 백전불패였다.

대형 지역사업을 놓고 대통령 후보를 지낸 한 의원과 치열하게 경합하고 있을 때였다. 본론 끝나고 여담 시간에 1593년 계사년 6월 진주성 2차 전투에 관해 이야기하는 상황이 있었다. 내 말을 듣고 나더니 여태까지 잘못 알고 있던 사실을 최 의원 덕분에 제대로 알게 됐다며 어떻게 역사를 전공한 자기보다 비전공자인 내가 더 잘 아느냐고 했다. 임진왜란이 나의 전쟁이어서 그렇다고 답했다.

그렇게 유등축제를 국가 대표축제로 만드는 데 기여했고 전국체전, 혁신도시 유치와 LH 일괄 이전의 명분으로 활용했다. 말하자면 임진왜란은 나의 필살기였다. 나는 임진왜란을 남명파의 전쟁이라고 부른다. 바람 앞의 등불 같던 나라를 지켜낸 결정적인 힘은 전쟁 초반 속전속결로 끝내려는 적의 파죽지세를 꺾고 이순신 장군이 활동할 수 있는 시간과 공간을 확보해 준 남명파 의병장들의 전략적 승리였다.

동서고금에 수많은 학파가 있었다. 공자학파, 석가학파, 소크라테스 학파 등등. 사관학교라면 모르겠지만 글 가르치는 학교에서 전쟁 났다고 거의 모든 제자가 목숨과 전 재산을 내놓고 칼을 들고 나선 학파에 대해서는 들어본 바가 없다.

우리나라에도 훌륭한 학자들이 있었다. 그분들 중에 누가 공부를 더 잘했는지, 누가 글을 더 잘 지었는지, 누가 과거급제자를 더 많이 배출했는지에 대해 나는 관심이 없다. 내가 관심이 있는 것은 나라와 백성을 위해 누가 더 도움이 되었는가 하는 것이다.

남명만큼 나라와 백성에 도움이 된 분이 있는가. 남명만큼 위대한 제자들을 길러낸 스승이 있는가.

한국선비문화연구원 본관 정문에 '학문은 실천을 통하여 그 빛을 발한다'라고 쓴 현판이 걸려 있다.

학문을 자기과시의 수단 혹은 부귀영화를 독점하려는 방편으로 사용하는 것이 아니라 함께 사는 사람들이 다 함께 행복한 공동체를 만들기 위해 학문하고 또 실천해야 한다는 남명 사상의 핵심이다.

백성에게 필요한 것이 전시에는 의병장이었다면 평시에는 기업가인가.

1

칼 찬 선비들의 전쟁

남명에게는 위대한 제자들이 즐비했다. 스승 돌아가시고 20년 후인 1592년 임진왜란이 일어나자 남명 학파 제자들은 살아있는 사람 거의 전원 의병을 일으켰다. 의병장만 57명이다. 동서고금의 어떤 학파에서도 이처럼 많은 의병장이 나온 적이 없다. 남명 학파는 자기 목숨은 물론 가족들 목숨까지 걸고 나라를 지키기 위해 칼을 들고 일어난 것이다.

2016년 9월 어느 날 조옥환 남명학 진흥재단 이사장(부산교통 사장)이 나를 부르더니 한국 선비문화연구원장을 맡아달라고 했다. 국회의원으로 있을 때 내가 예산 확보에 힘쓴 것은 당연히 할 일을 한 것이고, 그렇다고 선비문화연구원장 자리를 맡는 것은 순리가 아니라고 생각했다.

조옥환 이사장은 내가 오래도록 존경해 온 어른이다. 남명 조식 선생의 12세손으로 오늘의 남명 부활은 90% 이상 이 어른의 공이라고 생각한다. 남명과 관련된 모든 사업과 행사에 쓰인 비용은 조옥환 이사장이 댔다고 해도 과언이 아니다.

진주에서 운수회사를 경영하면서 상당한 돈을 벌었으나 본사 사옥은 60년대식 그대로다. 방문해 본 사람이 현대 사극 드라마 촬영장으로 쓰기에 좋겠다고 할 정도다. 번 돈을 다 남명 사업에 쓴 셈이다. 나는 이분을 위대한 기업인이라고 부른다.

국회의원이 된 이후 남명과 관련된 일을 조옥환 이사장과 내가 의논해서 한 것이 적지 않다. 예산은 물론이고 사람과 관련된 일도 많았다. 남명과 관련된 가장 중요한 기관인 덕천서원 원장으로 조순 선생을 모실 때도 그랬다. 이현재 원장 후임으로 조순 선생을 마음에 두었으나 접촉할 길이 없었다. 이럴 때 조 이사장은 대부분 내게 일을 시켰다.

학교 다닐 때 수업을 들었던 인연 등을 들어 부탁했으나 건강을 이유로 완곡하게 거절했다. 조 이사장을 모시고 두 번씩 서울 관악구 봉천동 자택으로 방문해 어렵게 성사시켰다. 서민 주택가에 있는 자택의 거실은 세 사람이 겨우 앉을 수 있을 정도로 청렴했고, 다른 사람에게 털끝만큼도 폐를 끼치지 않으려는 고매한 인격자였다.

오랜 인연을 가진 조옥환 이사장의 간곡한 말씀을 거절할 수는 없는 일이었다. 오래 생각한 끝에 맡기로 결심했다. 마침 그때는 따로 특별히 하는 일이 없을 때였다. 산청에서 열린 2013 세계전통의약엑스포 집행위원장, 경상남도 정무부지사 등 그전까지 맡은 일들도 정리한 상태였다.

찾아뵙고 맡겠다고 말씀드렸더니 조옥환 이사장이 이렇게 말했다.

"최 의원은 어떻게 생각할지 모르지만, 이번 일은 어른들께서 결정하신 것 같은 생각이 든다."

이 말은 조옥환 이사장과 나 사이에서만 이해할 수 있는 말이다. 여기서 어른들이란, 남명과 그의 고제자(이 말의 뜻은 뒤에서 설명하겠다) 수우당 최영경(1529~1590) 등 남명 학파 최고 수뇌부를 말한다. 조옥환 이사장은 남명의 12세손이고, 나는 수우당의 13세손이다.

나는 이 어른들께서 그렇게 좋아하시던 지리산 천왕봉에 특별한 존재의 형태로 지금도 함께 계신다고 생각한다. 세상에 대한 내 관점 중 하나는 '보이지 않는다고 없는 것이냐'인데 적어도 나는 그렇게 믿고 있다. 그러니까 조 이사장의 말은 내가 2012년 국회의원 떨어지고 그 후 몇몇 소임을 맡다가 마침 지금 쉬고 있는 것이 한국선비문화연구원 초대 원장을 시키기 위해 그 어른들이 미리 기획해 둔 것이라는 말이다. 다른 사람이 들었다면 무슨 황당무계한 소리냐고 했겠지만 적어도 나는 진심으로 들었다. 2016년 11월 1일, 한국선비문화연구원 초대 원장으로 취임했다. 들어가 보니 연구원은 큰 어려움에 직면해 있었다. 건물을 완공하고도 시간이 제법 흘렀는데 원장을 구하지 못했다. 국가기관의 장을 지낸 전국적 지명도를 가진 명망가를 비롯해 자천타천으로 많은 인사들이 하고 싶어 했으나 조 이사장 마음에 드는 분이 없었다. 하는 수 없이 준공한 해 봄부터 원장 없이 임시로 운영하

한국선비문화연구원에서 조옥환과 최구식

기 시작했다. 몇 개월만에 엄청난 적자가 났다. 적자보다 더 심각한 것은 다녀간 사람들의 입에서 이구동성으로 좋지 않은 말들이 나왔다는 사실이다. 홍보 중 가장 강력한 홍보가 입소문이라는데 나쁘다는 입소문이 나기 시작한 것이다.

일단 방향이 잡혀버리면 돌이키기 어렵다. 안 좋다는 이미지가 고착되고 나면 좋은 일이 있더라도 보이지 않거나 보려고 하지 않는다. 이런 심리를 확증편향이라고 하나. 개선될 기미는 보이지 않았다. 남명 일이라면 무엇이든 기쁜 마음으로 지치지 않고 해 오던 조 이사장마저 손을 들었다. 그런 상황에서 나에게 연락이 왔다.

한국선비문화연구원 소유자는 산청군청이다. 그런데 담당 공무원부터 연구원이 왜 지어졌는지, 무엇을 하는 집인지도 모르고 있었다. 담당 공무원을 탓할 수는 없었다. 연구원 주변에 그것을 아는 사람이 없었기에 설명을 듣지 못했기 때문이다.

돌아보니 연구원 지을 때 핵심적인 자리에 있던 사람이 아무도 없었다. 연구원 운영을 책임지겠다고 약속한 도지사도 바뀌고, 졸업할 때까지 학생들을 적어도 한번은 반드시 연수시키겠다고 약속한 도 교육감도 바뀌고, 대소 간에 모든 것을 뒷받침하겠다고 약속한 군수도 바뀌었다. 예산확보를 담당했던 나도 낙선했다.

지을 때는 도지사가 도 관할로 두겠다고 했지만, 지어진 후 새로 당선된 도지사가 거절하는 바람에 군 관할로 바뀌었다. 그런 상태에서 운영을 시작했으니, 마치 눈을 감고 차를 운전하는 꼴이었다. 시간이 갈수록 문제가 커졌다. 쓸데없이 큰 건물을 지어 예산만 낭비하고 산청군청에 부담만 지게 했다는 불

한국선비연구원 전경(주간/야간), 현판

만도 많았다. 일부 과격한 사람들의 입에서는 폭파해야 한다는 소리까지 나왔다.

군청에서는 도 교육청에 팔겠다며 실제 접촉에 나서기도 했다. 교육청에서는 검토 끝에 받아들이지 않기로 했다. 원장 부임하고 교육청 고위 관계자를 만났더니 자신이 당시 검토 책임자였다고 했다. 정말 고마운 결정을 해 주셨다고 깊이 고개를 숙여 인사했다.

만약 그때 교육청으로 넘어갔더라면 큰일이 났을 것이다. 모호한 이름으로 00 교육연수원이란 간판을 달았을 것이고, 발령받은 공무원은 벽지로 좌천당했다며 불만에 가득 찬 얼굴로 온갖 짜증을 내며 근무했을 것이고, 덩달아 남명의 유적도 천덕꾸러기가 되었을 것이다. 남명은 어떻게 되었을까, 참으로 아찔한 순간이었다.

화룡점정, 남명 부활 50년 각고의 노력 끝에 한국선비문화연구원이라는 눈을 그려 넣어 마침내 그림의 용이 승천해야 하는데, 정반대로 물먹은 그림이 되어 땅바닥에 내팽개쳐지는 상황이 되었다. 돌이켜 생각해 보니 선비문화연구원과는 처음부터 뗄 수 없는 인연으로 시작됐다. 연구원의 첫걸음은 당연히 예산 확보로부터 시작된다. 그런데 첫걸음부터 쉽지 않았다.

유인촌 당시 문화부 장관은 취임 일성으로 자기 임기 중 집 짓는 데는 일절 돈을 쓰지 않겠다고 공언했다. 대신 콘텐츠 진흥에 주로 쓰겠다고 했다. 배우 출신으로 할 수 있는 말이다.

이명박 정부 첫 장관으로 기세가 대단할 때였다. 이명박 전 대통령은 노무현 정권 말기 치러진 대선에서 무려 5백30만 표 차이라는, 그때까지는 최대 표 차로 압승했다. 지지율 80%를 기록하며 호호탕탕한 기세로 새 정권이 출발하던 시절의 대통령 측근 실세 장관이었다.

유 장관과의 본격적인 인연은 청문회에서 맺어졌다. 2008년 2월 청문회가 열렸는데, 유인촌 후보는 야당의 낙마 리스트에 올라 있었다. 당시는 야당 낙마 리스트에 오르면 통과가 힘들 때였다. 통과는 되더라도 애를 먹어야 했다. 낙마 이유는 재산이 많다는 것이었다.

나는 당시 소관 상임위인 문화방송위원회 간사였다. 청문회에서 이렇게 발언했다.

"할리우드 스타들의 재산은 천문학적이다. 최고가 되면 돈을 당연히 많이 번다. 대중문화 시대인 오늘날 배우들이 큰 부자가 되는 것은 더욱 그렇다. 유인촌이 우리나라 최고 배우로 있은 세월이 얼마나 되나. 이 정도 재산은 너무 적은 것이다. 나라 규모에 비해 창피한 수준이다."

야당 의원들을 제압하는 효과보다 유인촌 후보 본인 자신을 무장시키는 효과가 더 큰 것 같았다. 팽팽하게 맞서고 있는 상황에서 중요한 것은 당사자의 정신 무장인데 본인이 자기 확신을 갖도록 논리를 제공해 준 것 같았다. 별일 없이 통과되었고 장관직을 잘 수행했다.

청문회 있고 며칠 지나지 않아 18대 국회의원 공천에서 탈락했다. 무소속으로 출마했다. 진주 중앙시장 생선전 비린내 흥건한 바닥을 기어다니다시피 하며 '일하고 싶다'라고 호소했고, 당선됐다. 그리고 만난 일이 선비문화연구원 예산 확보였다.

유 장관을 만나 "내가 아니어도 청문회 통과됐겠나. 이 일 하기 위해 그렇게 막아준 것이다. 공자님도 '꼭 해야 하는 일도 없고, 하면 절대로 안 되는 일도 없다.'라고 했다. 할 일이면 하는 것이고 하지 않을 일이면 안 하면 되는 것이지 절대로 어떤 일은 안 하겠다고 하는 것은 맞지 않는 말이다."라고 말했다. 예산이 확보됐다.

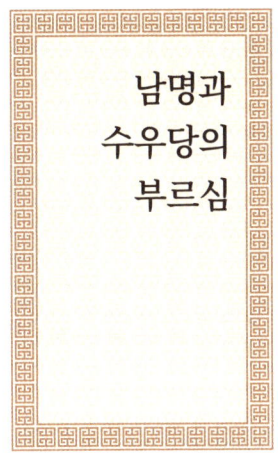

남명과 수우당의 부르심

　한국선비문화연구원의 전신이라 할 수 있는 덕천서원을 수우당이 주관하여 세웠다는 사실을 명확하게 알게 된 것은 국회의원 되고 나서다. 덕천서원은 남명이 돌아가시고 4년 뒤인 1576년 창건됐다. 그 과정에서 돌 하나, 기와 한 장까지도 직접 살피고 손대지 않은 것이 없었다고 한다. 서원 앞 시냇가에는 소나무 백여 그루를 심었는데 시내 가까이 있는 한 그루는 수우당이 직접 심은 것이라 하여 수우송이라고 불린다. 지금도 서원 앞 시냇가에 울울창창 서 있다. 덕천서원 운영과 관련된 모든 규칙도 수우당이 만들었다고 한다.

이런 사실은 여러 기록에 남아 있다. 덕천서원은 임진왜란 직후 중수한 이래 여러 차례 고쳐 지었는데, 그 경과를 기록한 정기윤의 「경의재 중수기」 첫머리에 '경의재는 수우 선생이 남명 선생을 위해 창건한 것'이라고 돼 있다. 하수일의 「세심정기」에는 "우리 수우 선생이 매양 지팡이를 짚고 그 위에서 노닐다가 정자를 얽어 쉬는 장소를 갖추려고 하였으나 서원 짓는 일이 끝나지 않아 이루지 못했다."라고 썼다. 세심정은 덕천서원 정문 바로 앞 덕천강 강가에 세워진 정자인데, 수우당이 자리는 봐 두었으나 짓는 일까지는 못했다는 뜻이다.

우리는 그런 역사도 모르는 채 여름만 되면 발가벗고 덕천강에서 멱을 감고 세심정에 누워 몸을 말렸다.

서원 짓는 일을 주관한 것까지는 수우당이 제자 중 제일 선배였기 때문이라고 이해할 수 있겠다. 남명파에서 수우당의 위상을 확실하게 알려 주는

것은 따로 있다.

    서원의 기능은 크게 두 가지다. 하나는 사당을 지어 그 서원에서 모시는 인물에게 제사 지내는 것이고, 또 하나는 학교이다. 서원의 구조는 정해져 있다. 정문을 들어서면 좌우로 기숙사가 있고 가운데 강의하는 본관이 있다. 학교 구역이다.

남명 사적지와 천왕봉 전경

그 뒤에는 담을 쌓아 학교 구역과 구분 지어 놓은 작은 건물이 있다. 위패를 모신 사당인데 평소에는 문을 잠가놓고 있다가 1년에 한 번, 혹은 큰 인물일 경우 두 번 제사 지낸다. 학교 구역보다 높게 만드는데 어떤 서원은 한참 계단을 올라가야 할 정도로 높고 어떤 서원은 한두 칸 높다.

사당에는 그 서원의 주인인 인물의 위패가 정 중앙에 위치한다. 이를 주벽이라고 한다. 주벽 옆에는 그 제자 중에서 가장 중요한 인물이 배향된다. 복수일 경우 서열대로 배치된다. 생전에 제자들이 서열에 따라 스승을 모시는 것과 비슷한 정경이다.

덕천서원 뒤에 살던 시절 왼쪽 누나, 누나친구

남명에게는 위대한 제자들이 즐비했다. 스승 돌아가시고 20년 후인 1592년 임진왜란이 일어나자 남명 학파 제자들은 살아있는 사람 거의 전원 의병을 일으켰다. 의병장만 57명이다. 고금의 어떤 학파에서도 이처럼 많은 의병장이 나온 적이 없다.

남명 학파는 자기 목숨은 물론 가족들 목숨까지 걸고 전 재산을 바치고, 나라를 지키기 위해 칼을 들고 일어난 것이다. 한두 명 있을까 말까 한 다른 학파와는 완전히 다르다. 그만큼 대단한 제자들이 차고 넘쳤다.

그 많은 제자 중 딱 한 사람 수우당만 스승 곁에 배향되어 있다. 1612년 임금의 명으로 배향됐다. 덕천서원은 임진왜란 때 잿더미가 됐다. 전쟁이 발발한 1592년 망우당 곽재우 등 남명 제자 출신 의병장들에게 잇따라 패배한 왜군이 덕산까지 들어와 기어이 불을 질렀는데, 가까스로 남아 있던 사당과 주방 건물마저 1597년 정유재란 때 완전히 불에 타버렸다. 전쟁이 끝나자마자 1601년부터 서원을 다시 짓기 시작해 1609년 사액서원이 되고, 1611년 문루까지 완공됐다.

배롱나무 만개한 덕천서원

바로 그다음 해 수우당 배향이 이루어진 것이다. 진주 선비 하징 등 3백여 명의 연명 상소를 나라에서 기꺼이 받아들였다. 배향할 때 제사를 지내고 고유문을 올리는데 "선사(남명)께서 외롭지 않으리니, 도(道)가 같고 법(法)이 일치한다."라고 돼 있다.

나는 아버지 말씀을 어긴 적이 없다. 오늘의 나는 모든 것이 아버지 덕분이라고 생각한다. 그러나 수우당이 제자 중 유일하게 배향된 이유에 대해서는 조금 생각이 다르다. 12대 종손인 아버지는 "스승을 가장 많이 닮고 학문이 가장 높아서 배향됐다."라고 주장했다.

선친께는 송구하지만, 신식학문을 한 내 생각은 좀 다르다. 수우당 합류 전까지 남명의 제자라면 대개 경상우도 출신이었다. 경상도는 낙동강을 기준으로 좌우 도로 나누는데 왕이 있는 한양을 기준으로 강의 왼쪽은 좌도, 오른쪽은 우도라고 불렀다. 대부분 경상좌도는 경상북도, 경상우도는 경상남도 지역인데 고령, 성주는 낙동강 동쪽이라 경상우도였으나 지금은 경상북도에 속한다.

남명은 경상우도 출신이고, 제자들도 대부분 동향 출신이었다. 수우당만 한양사람이다. 한양에서 내려온 수우당의 합류로 제자 분포가 일거에 전국으로 확대됐다. 남명의 명성은 이미 전국적이었지만 제자의 출신 지역으로만 보면 지역구에서 일거에 전국구가 된 것이다. 그 공로를 인정받아 배향된 것 아닌가 하는 것이 나의 '합리적인 의심'이다.

　수우당은 대대로 벼슬을 한 명문가 출신이다. 증조부는 전라도 관찰사, 조부는 사헌부감찰, 아버지는 병조 좌랑을 지냈다. 당시는 특정 계층이 정치권력과 경제적 부와 사회적 명예를 모두 가졌다. 권력자이면서 재벌이고 셀럽이었다. 지금이야 나뉘어 있지만 그때는 한 집안에 집중돼 있었다. 수우당은 번듯한 집안 출신인데다 미남이었다고 한다.
　역사에 밝은 작가 고 이병주는 '이병주 역사 기행 길 따라 발 따라' 중 최영경 편 '기축옥사의 하이라이트'에서 이렇게 썼다.
　"무슨 까닭인지 나는 최영경이란 이름을 들먹이기만 하면 한스 할바스란 영화배우를 연상하게 된다. '몬테카를로의 광란' '모스크바의 밤은 깊어서' 등의 영화에 주연으로 등장하는 한스 할바스의 귀족적인 용모와 당당한 풍채에 이미지가 겹친 것이다. 최영경은 미남자이자 위장부(偉丈夫)였다고 했다. 그에 관한 기록을 읽게 된 것은 훨씬 후의 일이지만 구전만으로도 그가 얼마나 잘난 인물인가 짐작할 수 있었다.

'깜깜한 그믐날 밤이라도 최영경이 걸어가면 달이 뜬 것 같았다.' '장마당 한구석에 최영경이 서서 노려보면 모두 숨을 죽여 일시에 조용해졌다.' '기생들이 그 어른 가까이 가기만 해도 원도 한도 없겠다고 하는데 최영경은 일절 기녀를 가까이 하지 않았다.'

덕천서원 사당 숭덕사 안 수우당 위패

성혼이 백인걸에게 말하길 '내가 최영경을 보고 돌아오니 맑은 바람이 홀연 소매에 가득함을 깨달았다.'

이처럼 미장부가 일세를 뒤흔들 만한 학식을 갖추었으니 한국의 괴테가 될 만도 한데 그를 기다리는 운명은 험준했다."

숭덕사(위) / 덕천서원 과거 사진(아래)

수우당의 한양 시절은 이이, 정철, 성혼, 심의겸의 세상이었다. 정철은 왕실과 겹사돈이고, 심의겸은 명종비 인순왕후의 친동생이다. 율곡 이이는 8세에 화석정이라는 오언율시를 지은 뒤 과거시험마다 장원을 한다고 하여 별명이 '9도장원공'이었다.

비유하자면 김영삼 시절의 김현철과 노태우 시절의 박철언을 합친 정도의 권력에다 부와 명예까지 모조리 거머쥔 사람들끼리 무리를 지어 세상을 뒤흔들던 시절이다. 이이와 정철은 1536년생, 성혼과 심의겸은 한 살 위다. 이들은 수우당과 가까이 지내려 했다. 수우당은 함께할 수 없다며 거절했다.

진주에 사는 시골 선비 남명이 단성소(丹城疏)를 올린 것은 1555년이다. 명종과 어머니 문정왕후, 외삼촌 윤원형, 그의 첩 정난정 등에 대해 말 한마디만 잘못해도 줄줄이 죽어 나가던 그 살벌한 시절, 남명은 임금을 고아로, 문정왕후를 과부로 일컬으면서 나라는 이미 망했다고 썼다. 이 상소 한 건으로 남명은 일약 조선의 슈퍼스타로 떠올랐다.

당시 26세 되던 수우당은 이 상소를 보고 마음으로 남명을 스승으로 모시게 된 게 아닌가 싶다. 그것 말고는 이유를 찾을 길이 없다. 한양과 덕산으로 천 리 먼 길 떨어져 살았을 뿐만 아니라 아무런 인연이 없었다. 그런 수우당에게 왕실의 외척이라는 권력으로 휘젓고 다니던 사람들이 눈에 찰 리 없었을 것이다.

정철이 정치를 잘하려고 노력하는 사람이라며 가까이 지내라고 소개하는 사람에게 "그 사람이 관을 좋아한다는 소리는 들었어도 정사를 밝히는 사람이라는 소리는 듣지 못했다."라고 거절했다. 관을 좋아한다는 말은 뻐기기를 좋아한다는 뜻이다. 이 말을 전해 들은 정철이 어떤 심사였을지 짐작이 간다. 이때 정철은 원한의 씨앗을 움켜쥔 것 같다.

수우당은 1567년 덕산으로 남명을 찾아 정식으로 사제의 연을 맺는다. 남명 66세, 수우당 38세 때다. 첫 만남에서 남명은 수우당을 고세인물(高世人物)로 평가했다. 이후 천 리 길을 사이에 두고 사제의 인연을 이어갔다. 수우당은 1575년 아예 한양을 떠나 진주로 이사했다. 간신들이 득실거리고 걸핏하면 선비들이 떼죽음을 당하던 한양을 아예 등진 것이다. 새 주소는 상대동 592번지. 진주시청 뒤 선학산 기슭이다.

수우당이 서울에서 진주로 내려온 것은 일대 사건이었던

모양이다. 남명학의 대가 최석기 전 경상대 교수는 정년퇴임을 맞아 내놓은 역저 「남명 조식의 후학들」(경인문화사) 머리말에서 이렇게 썼다.

> 남명 조식은 성공한 교육자라고 알려져 있다. 조선의 성리학이 활짝 꽃피기 시작할 때, 그의 문하에 130여 명이 찾아가 학문을 질정하고 강론하였다.
> 특이한 사실이 있다. 남명이 살던 시대는 한 마디로 사화로 전형화할 수 있다. 사화기를 살던 지식인들은 자신의 존재 방식에 대해 심각하게 고민하였고, 권간(權奸)과 외척(外戚)의

남명을 가장 성공한 교육자라고 한 조선교육사

전횡에 대해 맞서며 시대정신을 고취했다. 이런 사화기의 시대 상황 속에서 한양에서 청풍으로 이름난 젊은 선비 최영경(崔永慶)이 천 리 길을 멀다 않고 지리산에 은거하던 남명을 찾아 내려온 것이다. 최영경은 남명을 찾아와 며칠 이야기를 나눈 뒤 그의 학덕에 매료되어 제자의 예를 갖추었으며, 지리산 아래 덕산으로 이사를 하였다.

이는 단순한 사건이 아니다. 사화기에 나타난 엄청난 사건이다. 그것은 한양 최고의 젊은 학자가 지방으로 유학을 온 제1호였다는 점이다. 전통 시대에도 지금처럼 부와 권력은 물론 정보와 지식이 모두 수도에 집중되어 있었다. 그래서 모두 한양으로 유학하고, 한양에서 벼슬 살기를 희망하였다. 그런데 한양 출신으로 명성이 자자하던 젊은 학자가 지리산으로 유학을 온 것이다.

학문의 지방화 시대를 연 주인공이 바로 남명이었으니, 가장 성공한 교육자가 아니겠는가. 그래서 나는 내가 몸담은 대학에 남명 같은 분이 있으면, 저절로 학문의 지방화 시대를 열 수 있다고 역설하곤 하였다.

남명이 일찍이 경상우도에 1백여 명의 제자를 길러냄으로써 이 지역은 일시에 학문이 울창하게 일어났다. 그리고 퇴계도 만년에 안동 도산으로 물러나 후학을 양성함으로써 경상 좌도에도 동시에 학문이 크게 일어났다. 퇴계와 남명, 이 두 분에 의해 16세기 경상도 전 지역이 우리나라 제일의 학문의 고장이 되어 추로지향(鄒魯之鄕; 맹자가 태어난 추나라와 공자가 태어난 노나라 같은 땅)이라 불리게 되었으니, 우리 역사상 이는 3천 년 이래 일대 사건이 아닐 수 없다.

수우당이 자리 잡은 선학산, 그때는 만죽산이었다. 산에 대가 많았던 모양이다. 지금도 대나무가 많다. 수우당은 대나무 숲속에 작은 집을 지어 수우당이라 명명하고 국화, 매화, 연꽃, 학 한 마리와 유유자적했다.

수우당의 진주 이사는 당대의 사건이었다. 수많은 선비가 그를 찾아 학문을 논했다. 학 같은 선비들이 구름같이 모여들었다고 하여 만죽산에서 선학산으로 이름이 바뀌었다는 말을 향토 사학자에게 들었다.

1589년 기축옥사가 터졌다. 정여립이 역모를 일으켰다는 혐의로 수많은 선비가 투옥돼 고문받고 죽어 나갔다. 역모 사건이 일단락될 무렵, 재판을 총괄하던 정철이 사건을 정치화하는 방향으로 확대했다. 그러면서 본인이 사사로이 원한을 품은 사람들까지 얽어 넣기 시작했다. 죄 없는 선비 등 1천여 명이 비참하게 죽었다. 4대 사화를 합친 수보다 훨씬 많은 희생자가 난 조선 최대의 사건이었다.

수우당이 우두머리로 지목됐다. 정여립의 위, 맨 위에 길삼봉이라는 사람이 있는데 진주의 최영경이라고 날조했다. 역모로 끌려가면 죄가 없어도 '네 죄를 네가 알렸다'라며 자백할 때까지 고문당하고 죽어 나가던 시절이었다.

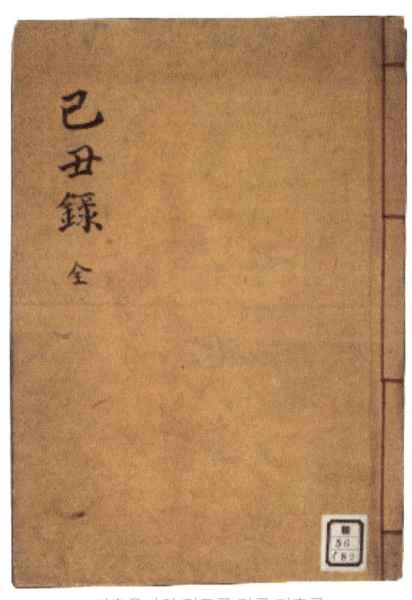

기축옥사의 전모를 다룬 기축록

그 살벌한 곳에 끌려갔는데도 수우당은 태연했다. 당시 문사랑으로 국문에 참여했던 이항복은 "최 공은 형틀에 처하여 고문당해도 자기 방에 거처하는 것과 다름없이 신색이 태연자약하고 언어가 어지러워지지 않아 평상시 손님 대하듯하니 그 기백이 크게 뛰어났다. 이 사람은 생사를 마음 밖에 두었으니 따라갈 수가 없다. 죄인을 심문하다가 거인을 만났다."고 했다.

당시 상황을 기록한 「괘일록」이라는 책에는 "최영경이 국청에 잡혀 들어오는데 그 풍채가 마치 하늘에서 학이 내려오는 듯했다. 이항복이 추관을 보고 '내가 오늘 이 노인을 보지 못했더라면 일생을 헛지낸 것이 될 뻔했다'라고 말했다."고 기록돼 있다. 단성소 당시 남명을 변호했던 이국헌은 수우당이 입정하는 것을 보고 자신도 모르게 단 아래로 내려오면서 "최 공의 정신과 기백은 사람을 움직이는 힘이 이와 같았다."라고 했다.

수우당은 선조 앞에서 자신이 길삼봉과 무관하다는 것을 당당하게 설파했다.

"호를 지을 때는 평생의 공부로써 칭하거나 거처하는 곳의 산천으로 호를 짓는 것인데, 내가 거처하는 곳은 물이 넘치는 강가라 무엇을 근거하여 삼봉이라 하겠습니까. 하물며 삼봉은 정도전의 호인데 어찌 그것을 답습하여 자신을 스스로 더럽히겠습니까. 학자가 능히 스스로 겸손하지 아니하여 몸을 망치고 덕을 무너뜨림에 이르는 자들이 많은 것을 싫어하여 일찍이 수우(守愚)라 호를 붙였으니 어찌 다시 다른 별호를 지을 필요가 있었겠습니까."

수우당은 풀려났다가 정철 무리에게 다시 끌려가 결국 옥사하고 만다. 그 장면은 김훈의 출세작 「칼의 노래」에 이렇게 그려져 있다.

'길삼봉으로 지목된 사람은 진주의 선비 최영경이었다. 그는 임금이 불러도 벼슬에 나아가지 않았고 우의정 정철을 벌레처럼 경멸했다고 한다. 감옥 안에서 그는 늘 벽에 기대는 일 없이 단정히 앉아 옷깃을 여미고 그의 낯빛에는 아무 일도 없었다. 감옥에 면회하러 온 가족들에게 그는 바를 정(正)자 한 글자를 써서 보여주었다. "너희가 이 글자를 아느냐?" 그렇게 말하고 그는 숨을 거두었다.'

이때 또 하나의 드라마가 펼쳐진다. 하동 옥송에 살던 선비 석정 정홍조가 정여립이 수우당을 찾아오는 장면을 본 목격자로 지목돼 끌려간 것이다. 정홍조를 끌고 간 사람들은 함

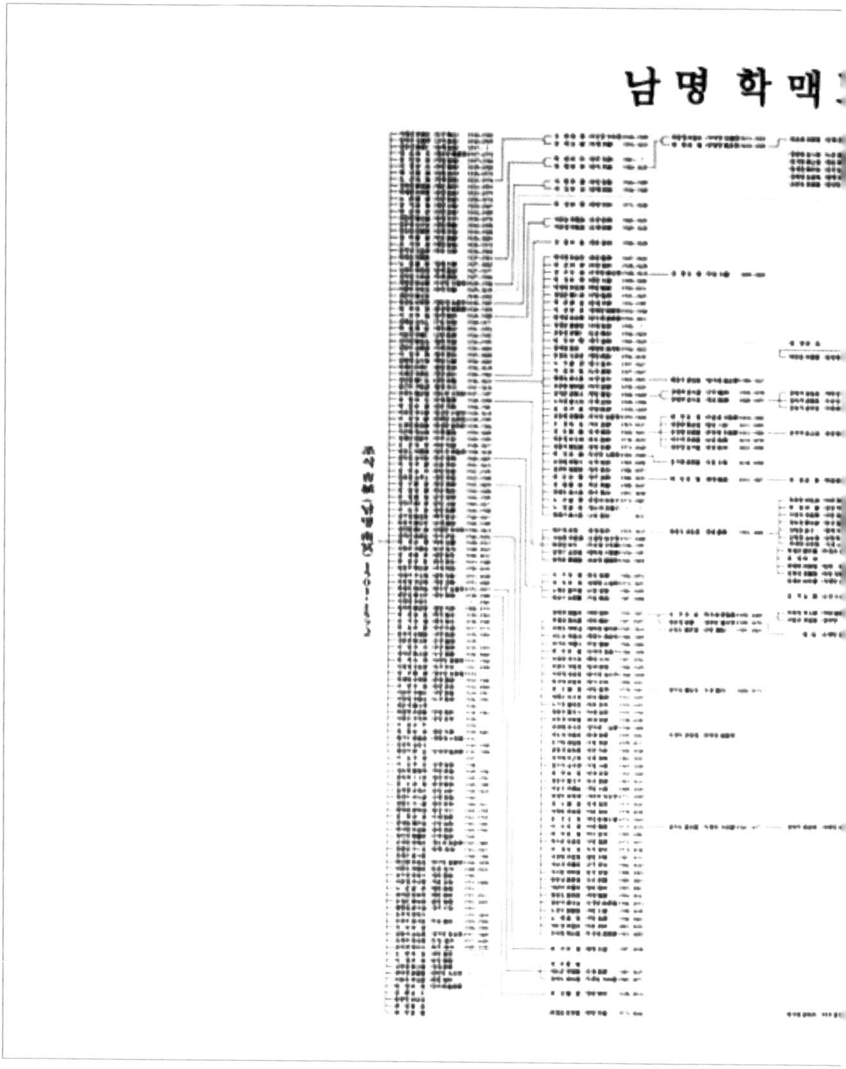
남명 학맥

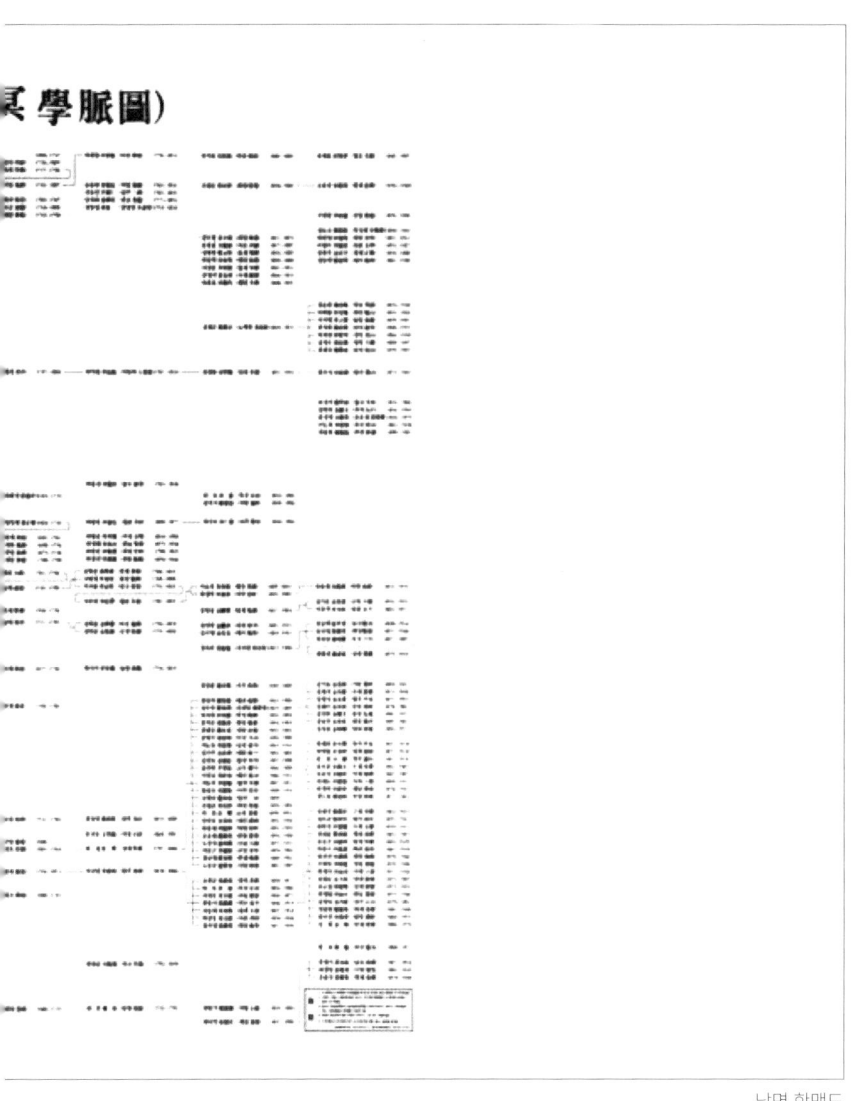

남명 학맥도

께 부귀영화를 누리자고 회유, 협박하며 사건 날조에 동참할 것을 강요했다.

주변에서 수우당에게 '홍조가 거짓을 고한다면 일을 또한 헤아릴 수 없을 것'이라며 대책을 마련할 것을 청하자 수우당은 '홍조와 한 고을에 살았으나 일찍이 만난 적이 없고, 나는 홍조가 어떻게 생겼는지도 알지 못한다. 운명이야 어떻게 하겠느냐.'며 태연했다.

정홍조가 옥에 도착하던 날 수우당은 돌아가셨다. 당사자가 죽었으니 무슨 말이든 해도 되는 상황이라고 자위하며 날조에 동참할 수도 있는 상황이었다. 정홍조는 선조 앞에서 진행된 국문에서 이렇게 말했다.

"영경의 집은 진주에서 5리 떨어진 곳에 있고 제집은 40리 밖에 있는데 5리 안에 있는 판관이 모르는데 40리 밖에 있는 제가 어떻게 알겠습니까. 영경은 바른 선비라 일찍이 문후하려고 해도 아직 못했는데 영경은 이미 죽었다고 들었습니다. 이 몸 또한 죽어서 의귀(義鬼)가 되어 구천에서 상종할지언정 살아서 불의인(不義人)이 되어 만세 공론에 죄를 얻을 수 없으니 임금께서는 통찰하셔서 영경의 원한을 풀게 하소서."

당시 정홍조는 고문으로 정신을 잃어 자칫 잘못 말하지 않을까 염려해 혀를 깨물었다는 이야기도 전해지고 있다. 만나 보지도 못한 사람을 위해 목숨을 걸었다.

수우당의 억울함은 이듬해 밝혀졌다. 실재 여부가 확실하지 않은 길삼봉을 수우당이라고 얽어 넣은 것 자체가 워낙 말이 안 되고, 또 남명 학파를 중심으로 신원 운동이 크게 일어났기 때문이다. 조선왕조실록에 수우당이 등장하는 기사가 무려 317건에 이른다고 한다.

선조는 수우당 신원과 정철의 처벌을 청하는 신하들 앞에서 "정철의 일을 논의하면 입이 더러워질까 두려우니 그만두는 것이 좋겠다. 영경의 원통함은 내가 처리하겠노라. 정철이

도강서당(수우당 집터)과 선학산

나라를 망하게 하려던 것이 분명하구나."라고도 했다. 선조는 흉혼독철이라는 표현까지 썼다. 흉악한 성혼과 악독한 정철이라는 것이다.

동인이 남인과 북인으로 갈라서게 된 것도 수우당 때문이라고 한다. 정철의 처리를 놓고 이견이 있었는데 단죄해야 한다는 원칙론을 펼친 쪽이 남명 학파를 중심으로 한 북인이 되었고, 유화론을 펼친 퇴계학파를 중심으로 한 남인이 되었다. 선조는 진주까지 예조 좌랑을 보내 수우당의 혼백을 위로하는 제문을 내렸다. 선조사제문비는 도강서당 뜰에 서 있다.

수우당을 모시고 석정이 배향되어 있는 수정당

풍전등화, 이순신 함대 후방을 사수하다

남명 학파 의병 사건은 동서고금의 역사에 드문 일이다. 글을 가르치고 배우는 학파에서 전쟁이 났다고 제자들 거의 전원이 칼을 들고 나선 때는 없다. 한두 사람 상황에 따라 의병을 일으킨 경우는 물론 있다.

육전(陸戰)의 영웅 농포 정문부 선생(1565~1624)의 경우를 보자.

임진왜란 발발 당시 정문부는 함경도 북평사로 있었다. 왜군의 함경도 담당은 도요토미 히데요시가 가장 신뢰하는 오른팔 가토 기요마사였다. 1백 년 전국시대를 평정한 도요토미는 기고만장하여 명나라를 넘어 인도까지 평정할 자신이 있었다. 조선은 안중에도 없었다.

푸틴이 우크라이나를 침공하면서 사흘 만에 끝낼 것이라고 큰소리치는 것을 보면서 당시 도요토미도 그런 우쭐한 심정이지 않았을까 싶다. 그래서 침략군을 편성할 때부터 조선 8도 담당을 미리 정해두었다. 그들은 감사를 자칭했다. 제2군 사령관 가토는 함경도 담당이고, 제1군 사령관 고니시 유키나가는 평안도 담당이다. 이들은 자신들의 관할지역으로 진격했다.

가토 기요마사와 고니시 유키나가는 숙명의 경쟁자였다. 도요토미는 교묘한 방법으로 두 청년 장군을 경쟁시켰다. 원래부터 최측근이던 가토를 제2군으로 밀어내 미세하게 물 먹이는 방식으로 한양 입성까지 선두 경쟁을 부추겼다. 부산 동래성 전투가 1592년 4월 15일에 있었는데 보병이 걸어서 한양에 도착한 것이 5월 2일이었으니 얼마나 치열했는지 알 수 있다. 두 사람은 죽을 때까지 한 치의 양보 없이 불꽃을 튀기며 대결했다.

용맹을 자랑하는 가토가 22,800명의 대병력을 이끌고 쇄도해 밀려오자 함경도는 그대로 무너지기 시작했다. 오랜 서

북 차별로 불만이 가득하던 일부 하급 벼슬아치를 중심으로 반란이 일어났다. 조선 한양 정권으로부터 외면과 괄시를 받는 것보다 오히려 왜군이 낫다며 자발적으로 난을 일으켰다. 아전 국경인은 피난해 있던 왕자 임해군과 순화군을 잡아 가토에게 포로로 바쳤다. 함경도는 내부로부터 일어난 붕괴로 사실상 끝난 것이나 다름없었다.

도요토미 히데요시

가토 기요마사

고니시 유키나가

정문부도 어찌할 수 없이 피신했다. 뜻있는 인사들은 있었다. 은밀히 사발통문을 돌려서 모여 의병을 일으키기로 하고 군대를 지휘할 의병장은 만장일치로 정문부로 정했다. 당시 27세였다. 직속상관인 병마절도사 윤탁연으로서는 수용하기 힘든 모욕이었다. 정문부에 대한 방해가 극심했다.

정문부는 문과에 급제한 문신이었으나 타고난 전략가였다. 지역의 지리에 정통한 지방민을 통해 습득한 지형지물을 이용하고 정보원을 통해 적정을 파악하고 심리전을 벌여 연전연승했다. 오랜 내전을 통해 단련되고 조총으로 무장한 당시 세계 최강의 군대를 상대로 의병군대가 연전연승했다는 것은 세계 전사에도 드물다고 한다. 바다에는 이순신, 육지에는 정문부라는 말까지 있었다.

북관대첩비

1백 년이 흐른 뒤 이를 기념해 조선 숙종 때 함경도 임명에 세운 비석이 북관대첩비다. 1905년 러일전쟁 당시 이 역사를 알게 된 일본군 사령관이 자신들의 관점에서 창피한 비석을 파내 일본으로 가져가

야스쿠니 신사에 방치했다. 북관대첩비 옆에 세운 안내판에는 '이 비문의 내용은 사실과 다르다.'라고 쓰여 있었다고 한다. 북관대첩비는 1백 년이 지난 2005년 마침내 우리나라로 돌아왔다. 1년 동안 국내에 전시했다가 북한으로 보내 지금은 원래 있던 자리에 다시 서 있다.

남명 제자들이 의병을 일으킨 것은 정문부와 경우가 다르다. 한두 사람 상황에 따라 의병장이 된 것도 아니고, 피신해 있다가 추대된 것도 아니다. 제자 중 살아있는 사람 거의 전원이 자발적이고 선제적으로 칼을 들고 나섰다.
망우당 곽재우 선생(1552~1617)의 경우를 보자. 임진왜란 발발 당시 곽재우는 의령에 살고 있었다. 아버지가 황해도 감사를 지낸 명문가 출신에 문무를 겸전한 뛰어난 인물이다.

15세 되던 1567년 덕산 산천재로 남명을 찾아 제자가 되었다. 남명은 첫눈에 곽재우의 비범함을 알아보았다. 외손녀를 주어 외손서로 삼았다.
산천재는 남명이 60세에 세운 사립학교이다. 한국선비문화연구원과 한 공간에 있다. 나는 연구원을 산천재 제2캠퍼스라고 부른다. 제2캠퍼스는 아무리 길어야 몇십 년 안에 짓는데, 남명파는 형편이 좋지 않아 무려 455년 걸렸다. 수우당도 그해에 산천재를 찾아 남명의 제자가 되었으니 33세 차이의 입학 동기가 된다.

곽재우는 1585년 과거에 응시했다. 벼슬을 대수롭지 않게 여기는 산천재의 교풍에다 본인의 기질까지 더해 과거를 치를 생각이 없었지만, 어머니가 '우리 집안의 대들보인 네가 과거를 안 보면 어떻게 하느냐.'고 간청하는 바람에 시험을 쳤다. 2등이라는 우수한 성적으로 급제했다. 정문부도 그 과거에 합격해 벼슬길에 나갔으니 요즘 말로 하면 고시 동기다.

시험문제는 당태종교사전정론(唐太宗教射展廷論)이었다. 번역하면 '당나라 태종이 궁전 뜰에서 활쏘기를 가르친 일에 대해 논하라' 정도가 되겠다. 곽재우의 답안지는 전해지지 않는다. 그러나 전해 내려오는 바에 따르면 '나라가 흥하려면 최고 지도자가 문무를 겸전해야 한다. 나라 살림이 어렵다고 백성에게 세금을 무겁게 거두는 것은 비유하면 배가 고프다고 자기 허벅지 살을 베어 먹는 것과 같다. 당장 배는 채울지 모르지만 결국은 죽는다.'라는 내용이 들어 있었다고 한다.

곽재우와 동갑인 선조가 답안지를 보고는 자기를 능멸한

다고 불같이 화를 냈다. 선조는 왕이 되는 순간까지 왕이 되리라고는 꿈에도 생각지 못하던 인물이다. 선조 이전까지는 정실부인의 아들, 그러니까 적자가 아닌 사람이 왕이 된 예는 없다. 왕의 정실부인의 아들은 대군이고 후궁이 낳은 아들은 그냥 군이다. 장자가 아닌 예는 있었지만 적어도 대군 중에서 왕이 나왔다.

 선조는 중종의 후궁이 낳은 덕흥군의 아들인데다 그나마 장남도 아닌 3남이다. 최초의 방계승통이다. 곁가지에서 왕위를 승계했다는 의미다. 선조는 죽는 날까지 정통성 콤플렉스에 시달렸다. 신하들이 자기를 업신여기지 않나 끝없이 의심했다. 조정을 당파로 쪼개 서로 견제하게 함으로써 왕권을 세우려 했다.

 선조 때 동서 붕당으로 나뉘게 된 데는 왕의 이런 콤플렉스가 큰 작용을 했다. 이쪽 당 힘이 세면 저쪽 당에 힘을 실어주고, 저 당이 세면 이쪽에 힘을 실어주었다. 기축옥사가 그렇게 대형 참사로 확대된 것도 선조 탓이라는 견해가 많다.

 선조는 머리가 좋았다. 머리는 좋은데 콤플렉스가 심하다는 것은 최악의 조합이다. 누가 건드리지 않아도 지레짐작으로 분노하고 스스로 폭발한다. 충무공 이순신 장군을 죽이려고 했던 것도 그 때문이다.

　곽재우의 답안지에서 그렇게 해석할 수 있는 대목을 애써 찾아냈을 것이다. 과거시험 치는데 누가 의도를 갖고 일부러 왕을 능멸했겠나. 상식적으로 말이 안 되지만 머리 좋은 선조는 발견에 성공한 모양이다. 선조는 제왕학을 배워본 적이 없고 왕으로서 훈련도 받지 못했다. 과거 문제가 문제였으니만큼 왕이 무예도 익혀야 한다는 말은 있었을 것이고, 그 대목이 걸렸을 수 있다.

　파방시켰다. 불합격으로 처리한 것이다. 곽재우는 어머니에게 과거 급제는 했다는 알리바이를 남기고 다시 고향으로 내려왔다. 사업 감각이 좋아 재산을 크게 불리고, 남강의 지류인 기강에서 낚시를 즐기면서 유유자적 지내고 있었다.

　그러다가 임진왜란을 만났다. 나이 40세. 당시로는 노인으로 접어드는 나이다. 곽재우로서는 나라를 지키기 위해 의병을 일으킬 이유가 없었다. 자신을 이유 없이 파방시킨 선조의 나라를 지키기 위해 목숨을 걸 이유가 없었다.

　충성은 벼슬을 받고 부귀영화를 누린 관료들이 해야 할 몫이었다. 학창 시절 세계사 시간에 배운 바에 따르면, 서양 중세 영주와 기사는 계약 관계였다. 자리와 돈을 주면 목숨을 바쳐 충성을 다하지만, 계약이 끝나면 떠나도 그만인 계산적인 관계였다. 조선은 어땠을까. 그 관계를 짐작할 수 있는 글이 있다. 남명이 임금에게 올린 상소와 남긴 시조에 나온다.

선조 즉위 이듬해인 1568년 남명은 갓 즉위한 왕에게 상소문을 올린다. 조선시대 청렴 정치의 교과서라는 '무진 봉사'이다. 무진년에 올린 봉사라는 뜻인데, 봉사(封事)는 상소 중에서 특별히 왕만 보도록 봉인된 상소이다.

결론 부분에서 남명은 이렇게 썼다.

"신이 홀로 깊은 산중에 살면서 탄식하고 울먹이다가 눈물을 흘린 적이 자주 있습니다. 신은 전하와 군신의 의를 맺은 적이 조금도 없는데, 무슨 은혜에 감격해서 탄식하며 눈물을 흘리겠습니까."(無一寸 君臣之分 何所感於君恩)

'임금 당신과 나는 아무 관계도 없는 사이인데 왜 당신 때문에 내가 울겠나. 당신이 망친 나라에서 고생하는 백성들 때문에 운다.' 정도로 의역한다. 임금을 수신자로 하는 편지에서 이런 말을 쓰는 것은 목숨을 걸어야 할 정도로 불경스러운 일이다.

1544년 중종이 죽었을 때는 이런 시조를 읊었다.

'삼동에 베옷 입고 암혈에 눈비 맞아/구름 낀 볕뉘도 쫸 적

이 없건마는/서산에 해지다 하니 그를 설워하노라.'

한겨울에도 얇은 베옷밖에 입지 못하고 집은커녕 바위 굴 같은 데서 눈과 비를 맞고 지내면서 임금의 은혜는 하나도 받은 것이 없지만 그래도 돌아가셨다 하니 좀 슬퍼해 줄까 정도로 해석한다.

나는 이 두 편의 글에서 남명의 용기를 읽는 한편으로 당시 선비와 임금의 관계를 읽는다. 벼슬을 내리면 관계가 성립되지만 그게 아니니 아무 관계가 없다는 의미다. 속으로 그런 생각하고 있더라도 겁이 나서 감히 밖으로 표현할 엄두를 못 내었겠지만, 남명이니까 이렇게 당시 선비들의 속마음을 드러낼 수 있었을 것이다.

임진왜란은 1592년 4월 13일 왜군 제1번대 고니시 유키나가의 18,700명이 부산 앞바다에 모습을 드러내면서 시작된다. 그들은 약 700척에 나눠 타고 이날 오전 8시 대마도의 대포항을 출발해 오후 5시경 도착했다. 침략군 총병력은 육군 158,700명 수군 9,000명 규모로 9개 부대로 구성됐다.

당시 일본 총병력은 약 30만 명, 1백 년 동안 50~60개의 크고 작은 나라로 나뉘어 끊임없이 전투를 치르면서 단련된 정예부대에다 1543년 포르투갈 상인에게서 사들인 조총으로 무장된 당시로는 세계 최강의 전투력이었다. 임금으로부터 벼슬을 받아 호의호식하던 관리들은 어떻게 했을까. 계약에 따르면 목숨을 걸고 싸워야 하는 사람들이다. 경상 우수사 원균은 이순신의 전라좌수영보다 훨씬 큰 규모의 조선 최강 함대 사령관이었으나 본인이 타고 도망갈 배만 남기고 나머지는 구멍 뚫어 수장시키고 달아났다고 「징비록」에 기록돼 있다.

경상좌수영은 기록이 남아 있지 않아 전력을 알기 어렵지만 관할 규모로 보면 우수영에 비해 조금 작았을 것으로 추정하고 있다. 좌수사 박홍 역시 화살 한 발 쏘지 않고 성을 버리고 앞장서 도망쳤다. 이후에는 그에 대한 기록이 없다.

전하는 바에 따르면 13일 당일 밤 부산진첨사 정발이 찾아와 왜군이 배에서 내리기 전에 대포로 적선을 부수어버리면 이길 수 있다고 간청했으나 외면했다고 한다. 도착한 날 왜군은 배에서 내리지 않았고 부산진에서 부산 수영까지는 지척이기 때문에 충분히 가능한 이야기다. 이후 벌어진 해전에서 이순신 장군이 멀리서 대포로 적선을 격침해 백전백승했던 것을 보면 경상 우수사와 경상 좌수사가 연합함대를 구성해 부산 앞바다에서 적을 막았으면 임진왜란은 시작도 하지 않고 완승으로 끝낼 수 있었을 것이다.

육군의 경상좌병사 이각은 울산 주둔 중 부산성을 구하기 위해 달려왔다가 적세에 놀라 후퇴, 임진강 방어전 중에 체포돼 선조가 죄를 물어 참수시켰다. 경상우병사 조대곤은 경상도 백성들이 가장 싫어해 결국 교체됐다. 울산군수는 동래성 전투 때 고니시가 이덕형에게 협상하자고 요청하는 편지를 전달해 달라고 풀어주었으나 그냥 내빼고 말았다. 이 일은 그 뒤 협상 국면에서 고니시가 지난번 울산군수 편에 편지를 보냈는데 왜 답을 안 했느냐고 챙기는 바람에 들통이 났다. 용궁 현감은 아군 수백 명을 포위 공격해 전멸시킨 뒤 시체의 머리를 깎고 왜군으로 변장시켜 승진까지 했다.

동래성 전투도

초계 군수는 적의 공격이 심해지자 성문 지키는 병사를 죽이고 자물쇠를 부수고 성을 빠져나가 돌아오지 않았다. 의령 현감은 관아를 버리고 배로 도망치다가 배가 침몰해 병사 100여 명을 수장시켰다. 하동 현감은 지역민들을 모아서 '왜군이 갑자기 밀어닥치면 창고의 곡식은 잿더미가 되고 말 것이니 차라리 우리 백성들이나 먹이도록 하겠다.'라고 한 다음 가져가는 백성들을 죽여 머리를 베어 공적 보고를 했다.

  더욱 황당한 사건도 있었다. 한강 전투에서 패한 뒤 부원수 신각은 도원수 김명원을 따라가지 않고 양주로 갔다. 마침 함경도 남병사 이혼이 이끈 군사가 도착했다. 신각-이혼 연합군은 아무 경계도 없이 민가를 노략질하고 있던 왜군을 크게 무찔렀다. 백성들은 처음 보는 승전이라며 모두 환호했다. 김명원이 '신각이 멋대로 다른 곳에 가 있을 뿐 아니라 명령에도 복종치 않았다.'라는 장계를 올렸다. 우의정 유홍이 당장 베어 죽이기를 청하여 바로 선전관을 보냈다. 선전관이 떠난 후 신각의 승전보가 들어왔다. 급히 사람을 보내 멈추게 했으나 때가 늦었고 최초의 승리한 장수는 허망하게 목이 잘렸다.

  이때의 기록은 읽을 때마다 피가 거꾸로 솟는다.

  전쟁 발발 2개월째인 6월 당시의 경상도 사정을 '선조실록'은 이렇게 기록하고 있다.

"백성들은 모두 깊은 산속으로 들어가고 없어 텅 빈 성만 남게 되었다. 비록 수령이 있다고 하여도 호령이 시행되지 않앉고 군사를 뽑아 응원하는 일도 대책이 없으니 수일 내로 이 모든 고을이 적의 소굴이 될 것이다."

백성들이 산으로 들어간 것은 적의 칼을 피하기 위해서만이 아니었다. 지긋지긋한 탐관오리들로부터도 몸을 피했다. 그만큼 민심 이반이 심각했다. 선조가 '경상도 사람들이 모두 반(叛)했다고 하는데 정녕 그러한가?'라고 묻자 신하 이국이 '감사 김수가 원성을 사서 장차 보전하기 어렵다.'라고 대답한 기록도 있다. 함경도는 좀 더 심했을 뿐이다.

최초의 의병장 곽재우가 의병을 일으킨 것은 4월 22일이다. 통신수단이 발달하지 않은 시대라 왜적이 쳐들어왔다는 소문을 듣자마자 바로 준비를 한 것이다.

출발은 보잘것없었다. 출정의 북소리라는 말이 있는 것처럼 곽재우가 처음 의병을 일으키며 북을 내걸었던 나무인 현고수(懸鼓樹) 아래 모인 병사는 고작 10여 명이었다. 그것도 곽재우가 농사지을 때 농사일시킨 가동이 대부분이었다. 깃발은 이불을 찢어 만들었다.

수가 너무 적어 매부 허언심을 찾아갔다. 매부는 큰 부자로 휘하에 가동이 수백 명이었는데 병사로 달라는 곽재우의 부탁을 거절했다. 그러자 바로 매부의 독자를 끌어내 목을 치려고 했고, 놀란 매부는 가동을 내어주었다. 부인이 어찌하여 쓸데없이 죽임을 당할 일을 하냐고 만류하자 몹시 성을 내며 칼을 빼 베고자 했다. 나라가 다 끝난 마당에 왜군을 막겠다고 동분서주하는 곽재우를 보고 동네 사람들은 '발광(發狂)한다'라고 했다. 미쳤다는 뜻이다.

곽재우는 천재 전략가였다. 붉은 비단으로 옷을 지어 입고 명나라 황제에게서 받았다 하고, 타고 다니는 백마는 제 발로 집으로 들어왔다고 소문을 퍼뜨렸다. 하늘에서 내려온 붉은 옷을 입은 장군이라는 뜻의 천강홍의장군으로 자칭했다. 전 재산을 풀어 의병을 먹이고, 자기 옷을 벗어 병사를 입히고, 처자의 옷을 벗겨 병사의 처자에게 입혔다. 전쟁은 보통 사람으로는 안 된다며 도적을 찾아가 설득하여 병사로 삼았다. 신화를 만들어 병사들에게 용기를 주고 솔선수범하여 충성을 확보한 것이다.

곽재우는 과거를 포기하고 재산증식에 힘써 큰 부를 일구었다. 그러는 과정에서 인색한 구두쇠라는 손가락질받기도 했다. 그 많은 재산을 의병 궐기에 모조리 쏟아붓는 바람에 가족들은 내내 극도의 가난에 시달려야 했다. 굶주림을 면할 수 없게 되자 처자를 매부 허언심의 집에 의탁해야 했다.

곽재우 군대는 연전연승했다. 겁에 질린 농민 병사를 독려하기 위해 늘 전선의 최전방에서 싸웠다. 지형지물을 완벽하게 파악해 적을 유인해 격파했다. 특히 기강의 깊고 얕은 곳을 잘 알았기 때문에 적선을 얕은 곳으로 유인해 좌초시킨 후 화살 세례를 퍼부어 전멸시켰다. 적이 미리 척후를 보내 얕은 곳에 깃발로 표시를 해두면 밤에 몰래 들어가 깃발 위치를 바꾸었다. 사람을 풀어 적의 움직임에 관한 정보를 미리 알고 있었기 때문에 가능했다. 10여 명으로 출발한 곽재우 군대는 급격히 세를 불려 금세 2천여 명에 이르렀다. 적은 홍의장군이라는 이름만 들어도 두려움에 떨었다고 한다.

침략군 중 전라도 담당은 고바야카와 다카가케라는 역전의 용장이었다. 가토나 고니시 등 다른 장군들이 20~30대 청년들인 데 비해 고바야카와만 50대로 최연장자였다. 혈기방장하고 경쟁심 가득한 젊은 애들 잘 타일러 전쟁을 수행하라는 도요토미의 의중이 담긴 인물이었던 모양이다. 그래서 일본에서 가장 가깝고, 곡창지대인 전라도를 맡긴 것이다.

전라도로 가기 위해서는 남강을 건너야 했다. 그런데 곽재우 군대에 완전히 봉쇄됐다. 우회하는 것도 쉽지 않았다. 바로

위 합천에는 남명의 수제자 내암 정인홍(1535~1623)의 3천 병력이, 고령에는 역시 남명의 제자인 송암 김면(1541~1593)의 5천 병력이 버티고 있었다. 전쟁 초기, 마른 들판에 불길 번지듯이 거센 기세로 쳐들어오던 적으로부터 호남이 보전된 것이다. 임진왜란을 상세히 기록한 「난중잡록」에서 조경남은 이렇게 썼다.

"김면은 거창에 주둔하면서 지례 김산(지금의 김천)을 지키고 정인홍은 성주에 둔병하여 고령 합천의 길목을 감당하였으며, 곽재우는 의령에 진을 치고 함안 창녕 영산에서 도강하는 적을 대비하여 경상우도 일대가 안정을 찾을 수 있었다."

의병장들이 잘 협조하여 적의 서진을 막아낸 것이다. 이들은 동문수학한 남명 학파이다.

이들의 활약은 경상우도를 안정시키는 결과를 훨씬 뛰어넘는 전략적 의미를 지닌다. 만약 곽재우가 의병을 일으키지 않고 왜적이 아무 저항 없이 전라도로 진격했다면 어떻게 되었을까.

그때 나라의 마지막 희망은 전라 좌수사 이순신 함대였다. 좌수영은 여수에 있었다. 고바야카와의 왜군이 전라도를 점

령하고 이순신 함대를 뒤에서 덮치면 바다로 밀려날 수밖에 없다. 바다 위에서는 백전백승이지만 그들은 수군이다. 전투는 바다에서 하지만 육지에서 휴식을 취하고 군수물자를 보급받지 못하는 상태로 바다 위에서 얼마를 버텼겠는가. 조선의 운명은 도요토미의 호언장담처럼 바로 끝나고 말았을 것이다. 곽재우는 남명이 첫눈에 외손녀 사윗감으로 찍었을 정도로 남명 학파의 전형적 인물이다. 성리학은 물론이고 주역, 춘추에다 천문, 지리, 음양, 의약 등 제자백가에 두루 통하지 않은 것이 없었다. 특히 병법에 능통하고 말타기와 활쏘기를 잘했다. 광해군에 올린 '중흥삼책소'라는 상소문에서 임진왜란으로 피폐해진 나라를 중흥시키기 위해서는 주승지도(主勝之道) 병승지모(兵勝之謨) 근보지계(僅保之計)의 세 가지가 필요하다고

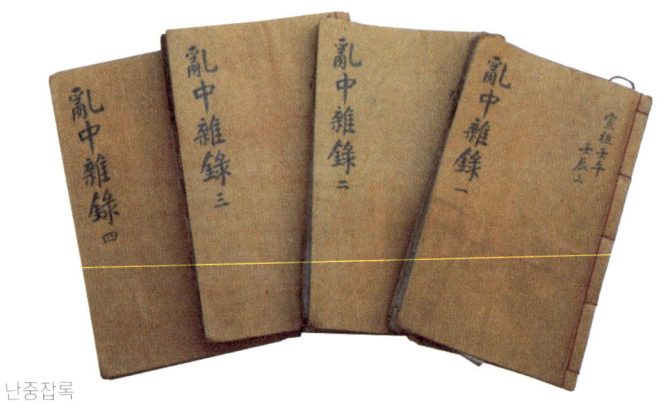

난중잡록

했는데 손자병법을 통달한 위에서 자신만의 철학을 편 것으로 보인다.

조총을 두려워하지 않는 것처럼 적진 앞을 태연하게 왔다 갔다 했다. 무모한 용기가 아니라 조총의 사거리를 정확하게 파악한 뒤 사정권 거리를 유지하면서 병사들에게 겁낼 필요가 없다는 것을 실제로 보여주기 위해 그렇게 했다. 조총을 겁

임진왜란 초기 남명 제자 의병장들의 활약

칼 찬 선비들의 전쟁

내는 병사들에게는 "화약은 반드시 떨어질 것이고, 저렇게 쏘아대는데 철환의 보급이 오지 않으면 적은 아무것도 아니다."라고 논리적으로 설명했다.

곽재우, 정인홍, 김면 등 남명 제자들의 행동을 보면 미리 임진왜란을 대비하고 있었다고 보는 것이 옳겠다. 그렇지 않다면 어떻게 그렇게 신속하게 거병하고 천문학적인 군자금을 조달하고 조총으로 무장한 왜군을 물리칠 수 있었겠는가. 전쟁이 직업인 장군들이 적의 모습을 보기도 전에 혼비백산 도망친 것과 비교해 보면 확연히 드러난다.

김해에 오래 살면서 왜구들의 동향을 파악하고 있던 남명은 머지않아 왜로부터 대 전란이 올 것으로 예상했다.

남명이 역사에 본격 등장한 것은 1555년에 쓴 '을묘사직소'다. 남명이 임금에게 올린 첫 상소이고, 을묘년에 사직하면서 올린 상소라 하여 을묘사직소다. 사직한 직위가 단성현감이기 때문에 줄여서 단성소라고도 한다. 이 상소 뒷부분에 왜구의 침략에 관한 이야기가 상당한 비중으로 다루어진다.

"평소 조정에서는 재물을 받고 관리를 등용해 왔다. 그래서 재물을 모으기는 하였으나 백성은 흩어지게 하였다. 그리하여 끝내 장수 중에는 적합한 인물이 없고 성에는 군졸이 없게 되었다. 그래서 왜적이 무인지경으로 들어오듯 침입했으니 그것이 어찌 이상한 일이겠는가. 이번에도 대마도의 왜놈들이 일본 본토의 왜적들과 몰래 결탁하여 향도가 되어서 만고에 전해질 치욕스러운 왜변을 일으킨 것이다. 우리 군사는 머리를 조아리듯 순순히 적에게 성을 내어주고 말았다. 어찌 신하를 대우하는 것은 주나라 때 법보다 엄격하면서 왜적을 포용하는 은덕은 도리어 송나라 때보다 더한가. 세종대왕께

곽재우 선생을 모신 충익사(왼쪽 위)/의병기념관(왼쪽 아래)/정암바위(오른쪽)

서 남쪽 지방을 정벌하시고 성종 대왕께서 북쪽 지방을 정벌하신 일로 보면 어찌 오늘날의 일과 같은 점이 있겠나."

왜구로부터의 국방 문제에 대한 남명의 고민은 1558년 지리산을 유람하고 쓴 「유두류록」에까지 드러난다. 지리산 높은 고개에 올라 남해안을 굽어보면서 산천경개를 감탄하는 것이 아니라 지형지물을 관찰하고 그것을 기록으로 남겼다.

"사방을 바라보니, 동남쪽에 검푸른 빛으로 가장 높이 솟은 것은 남해의 뒷산이고, 정동쪽에 파도처럼 넓게 퍼져 서려 있는 것이 하동, 곤양의 산들이다. 또 동쪽으로 보일락말락 하늘에 높이 솟아 검은 구름과 흡사한 것이 사천의 와룡산이다. 그 사이에 혈맥처럼 서로 관통하고 엉킨 것은 강과 포구의 물이 경락처럼 드나드는 것이다. 이처럼 우리나라는 산하의 견고함이 위나라가 보배로 여기는 것보다 훨씬 견고하여 만경창파의 너른 바다에 임해 있고 백치의 높은 성곽에 따라 있다. 그런데도 오히려 하찮은 섬 오랑캐 때문에 거듭 백성들이 곤경에 빠지니 어찌 걱정하지 않겠는가."

1569년 남명이 출제한 모의과거시험 '책문제'에서는 왜구에게 대비한 국방 문제를 본격적으로 제자들에게 환기한다.

"임금이 화를 내어 위엄을 보이려 하면 신하들은 도리어 '변경의 오랑캐를 자극해 말썽을 일으킨다'라고 한다. 뇌물을 받은 역관 한 놈의 목을 베어 나라의 기밀을 누설하는 일을 엄히 단속하려 하면 신하들은 '겸손한 말로 온순하게 대하는 것만 못하다'라며 말린다. 사정이 이와 같으니 과연 적에게 대응할 말이 없고 적을 막을 계책이 없는 것인가."

그때 대부분 학자는 유화책을 제시했다. 잘 대해 주면 오랑캐도 교화가 되어 착해지고 평화가 유지된다는 백일몽에 빠

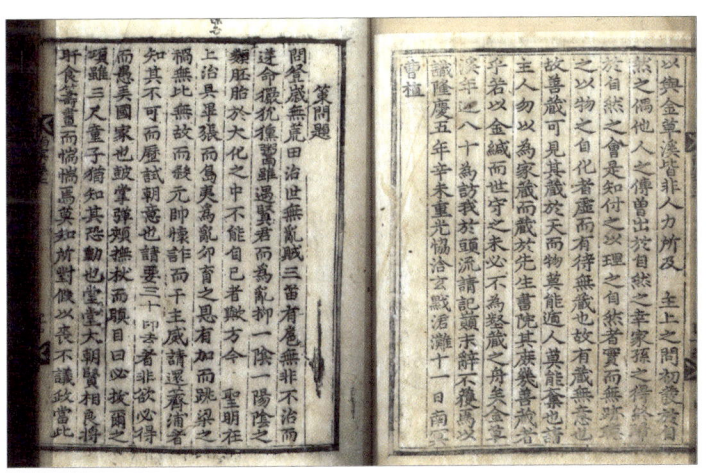

남명이 출제한 모의과거시험 책문제

져 있었다. 그런 분위기였으니 전쟁 터지기 직전까지 전쟁은 날 턱이 없고, 쳐들어와 보았자 초전에 박살을 낸다고 헛소리만 해대고 있었다.

남명만이 정답을 제시했고, 스승을 하늘처럼 떠받들던 제자들은 스승이 돌아가시고도 묵묵히 전쟁을 준비하고 있었는지도 모른다. 객관적인 전력으로는 도저히 이길 수 없던 전쟁 임진왜란을 이겨낸 3대 요인으로 이순신 장군과 의병, 그리고 전시 임시정부 수반 역할을 한 분조(分朝)의 광해군을 꼽는다. 이순신 장군에 대해서는 모두가 알고 있으니 더 말할 것이 없겠다.

광해군의 활약은 눈부셨다. 아버지 선조는 도망에 도망을 거듭해 국경인 의주에 도착, 거기서도 불안해 명나라로 망명하려고 했다. 끝까지 세자 책봉을 안 하다가 임진왜란이 터지자 바로 해 주었는데 이때 이미 내심으로는 명나라로 도망갈 결심을 하고 있었던 것 같다. 명나라는 전선이 자기 나라까지 확대될 것을 우려해 선조의 애원을 거절했다. 그래도 가겠다고 하다가, 그러면 유폐시키겠다고 하는 바람에 의주에 웅크리고 앉아 있었다.

광해군은 분조를 이끌고 적진을 종횡무진 누볐다. 근왕병을 모으고 의병들을 연결하며 나라의 신경망을 유지했다. 광해군의 존재로 인해 백성들은 조선이 건재함을 알았다. 탐관오리의 가렴주구가 하도 심해 왜군을 반기는 분위기가 있었을 정도로 민심이 돌아선 상황에다 교통과 통신이 발달하지 않았던 시절이라 광해군이 없었다면 백성들이 자포자기했을지 모를 일이다. 의병의 경우, 남명 제자 의병장들의 전략적인 의미는 엄청났다. 여수에 있던 전라좌수영의 이순신 함대의 배후를 보호함으로써 수군 병력을 보충하고 군수물자를 확보할 시간과 공간을 확보하고, 이를 통해 전쟁의 승패를 가르는 결정적인 역할을 했다.

남명 제자 의병장들의 활동공간이 하필이면 경상도이고, 그중에서도 낙동강이었다는 사실은 우리 역사에 마련된 하나의 기적처럼 보인다. 낙동강이 6·25 전쟁 때는 부산을 보호하는 남부 전선의 방어선이었다면 임진왜란 때는 전라좌수영이 있는 여수를 보호하는 동부 전선의 방어선이었다. 그 방어선이 없었다면 전라감사를 자칭하며 포고문까지 발령했던 고바야카와 군대는 어렵지 않게 전라도로 넘어갔을 것이다.

임진왜란이 끝나자 선조는 정신적 혼란 상태에 이르게 된 것 같다. 전쟁이 시작되자 나라가 망할 줄 알고 도망치기에

만 급급했다. 자기 목숨 지키자고 임금 체통이고 뭐고 돌아보지 않고 안달복달했다. 백성들은 임금의 행렬이 경복궁을 빠져나가자마자 궁궐을 불태웠다. 임금 바로 앞에서 병조판서를 내동댕이치고 임금 일행을 향해 돌팔매질했다. 신하들에게 거짓말하면서 자신과 처첩들만 명나라로 내빼려고 했다.

예상했던 것처럼 나라가 망했으면 그런 것이 크게 문제가 될 것 없었다. 그런데 나라가 살았다. 신하들 보는 앞에서 얼마나 얼굴이 화끈거렸을까. 원래 있던 방계승통 콤플렉스에 백성과 나라를 버리고 도망친 왕이라는 콤플렉스까지 더해졌다.

이순신에 대한 질투, 의병장에 대한 질투에 아들 광해군에 대한 질투까지, 전쟁영웅은 보기만 해도 싫었던 모양이다.

곽재우

정인홍

김 면

특히 백성들의 사랑을 받는 광해군은 늘 눈앞에 보였다. 선조는 왕세자로 문안 인사 온 아들 광해군을 문전 박대하며 네가 무슨 왕세자냐고 힐난했고, 광해군은 피를 토하며 쓰러졌다.

당시 조선은 두 편으로 나뉘어 있었다. 한편에는 이순신 장군과 남명 제자를 중심으로 한 의병장과 광해군 등 백성의 편에서 나라를 지켜낸 세력이 있었다. 반대편에는 선조와 함께 도망 다니면서 틈만 나면 이순신과 의병장들을 죽이려고 호시탐탐하던 세력이 있었다. 이들은 전투가 소강 국면으로 잦아들고 숨 쉴 만해지면 끝없이 정적을 죽이려는 시도를 계속

이순신

김덕령

했다. 선조의 콤플렉스와 이들의 질투는 죽이 잘 맞았다.

이순신 장군도 임금의 명을 듣지 않았다는 죄목으로 끌려가 하마터면 고문당해 죽을 뻔했다. 남명 제자 정탁이 목숨을 걸고 변호하는 바람에 죽음을 면하고 백의종군하는 선에서 마무리됐다. 정탁은 수우당도 목숨을 걸고 변호한 적이 있다.

의병장 김덕령은 1596년 임진왜란이 한창이던 중에 억울하게 죽었다. 민심 이반이 워낙 심해 전쟁 중 여러 차례 반란이 있었는데 그중 큰 규모가 이몽학의 난이다. 김덕령은 반란을 진압하기 위해 출동했다.

이몽학이 반란군의 사기를 북돋기 위해 거짓말을 했다. 백성들의 신망을 얻고 있던 유명한 의병장 김덕령, 곽재우 등의 이름을 팔며 이들도 반란에 동참하기로 했다고 날조했다. 선조와 그 측근들은 김덕령을 잡아들여 고문해 죽었다. 김덕령은 반란에 가담하지 않았기 때문에 가담하지 않았다고 버티다가 죽었다. 그들도 김덕령이 실제 반란에 가담했다고 생각하지는 않았을 것이다. 상식적으로 말이 안 되기 때문이다. 그만큼 콤플렉스와 질투가 심했다.

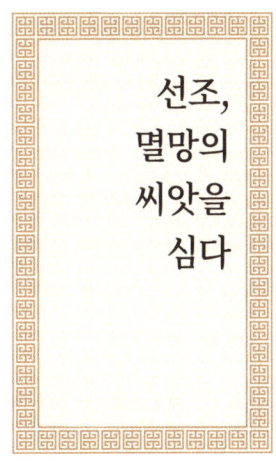

선조,
멸망의
씨앗을
심다

　비극의 씨앗은 선조 본인이 심었다. 왕비 박 씨가 세상을 떠난 것이 1600년. 이때 광해군은 세자 8년 차에다 전쟁을 극복한 영웅이었다. 1602년 선조는 둘째 아들 광해군보다 9살이나 어린 인목대비에게 새 장가를 들었다. 1606년 아들 영창대군이 태어났다. 조선이 멸망으로 가는 서막이 오른 것이다.

　선조는 아들도 이미 13명이나 있었고, 광해군은 1592년부터 세자로 나라를 이끌고 있었다. 그런데 정실부인에게서 적자가 태어난 것이다. 이 일을 어쩌란 말인가.

　조정이 광해군파와 영창대군파로 좍 갈라졌다. 왕위의 정통성을 둘러싼 피비린내 나는 싸움이 시작된 것이다. 단순한 권력투쟁만이 아니라 어린 적자와 장성한 서자라는 미묘하고도 어두운 심리전까지 포함된 복잡한 싸움이었다.

영창대군파의 영수는 영의정 유영경이었다. 유영경은 눈치가 귀신같은 사람으로 심신이 지쳐있던 선조의 신임을 한 몸에 받았다. 유영경은 병석에 누운 선조가 광해군에게 왕위를 넘기라고 한 비망기를 숨기고, 인목대비가 광해군이 섭정하도록 한 것도 거부했다. 영창대군에 집중한 것이다.

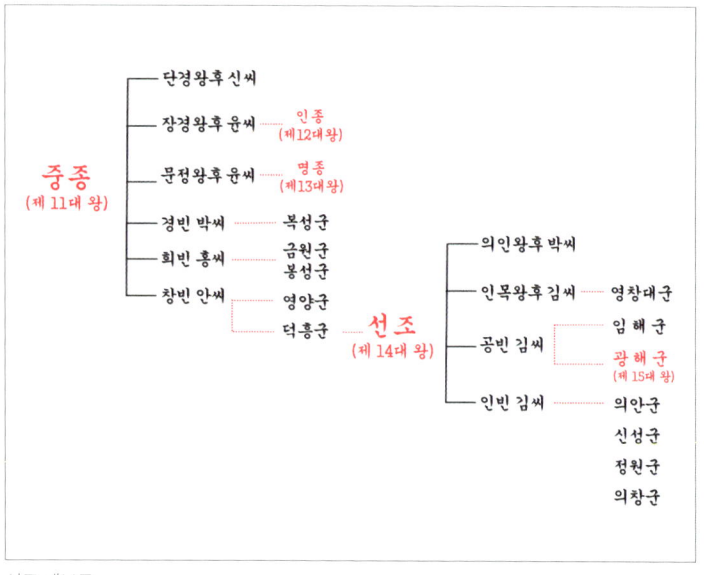

선조 계보도

1608년 정인홍이 상소를 올렸다. 병석에 누워있던 선조에게 왕위를 광해군에게 넘기고 몸조리에만 전념하라고 하면서 유영경을 처단하라고 했다. 상소문에는 '전하는 유영경 때문에 고립되어 개미 새끼 하나 의지할 곳이 없고 장차 어진 아들을 보호하지 못하고야 말 것'이라는 내용까지 들어 있었다.

유영경은 사직하겠다고 했으나 선조가 만류했다. 정인홍에 대해서는 "참으로 임금도 없는 것처럼 여기는 반역의 무리"라며 즉각 귀양 보냈다.

1608년 2월 1일 선조가 죽었다. 죽는 당일까지 유영경 계열에서 정인홍을 귀양 보내라는 상소가 올라갈 정도로 첨예하게 대립하고 있던 시절이었으니 광해군 처지에서 정인홍이 얼마나 고마운 은인이었을까.

이제 인목대비가 왕실의 최고 어른이 되었다. 유영경은 인목대비를 찾아가 영창대군을 즉위시키고 수렴청정할 것을 종용했다. 그러나 인목대비는 다음날 광해군을 즉위시켰다. 당시 광해군 33세, 인목대비 24세, 영창대군 2세였다. 인목대비가 마음으로부터 광해군을 지지하지는 않았을 것이다. 그러나 16년 동안 세자로 있던 장성한 광해군을 두고 2살짜리 자기 소생을 왕으로 세울 수는 없는 일이었다.

관덕정(광해군 귀양지)

허준이 편찬한 동의보감

　우리 역사를 통틀어 광해군만큼 오랜 시간 나라 구석구석을 다니며 백성들과 생사고락을 같이 한 왕은 없다. 체력도 좋았다. 연산군이 쿠데타 이후 얼마 안 가서 죽은 데 반해 광해군은 제주도 위리안치 중에도 18년을 더 살았다.
　전쟁의 비참함을 직접 경험했기 때문에 생각은 유연하고 방법은 실용적이었다. 즉위하자마자 3개월 만에 조선시대 최고로 잘한 정책이라고 평가받는 대동법을 시행했다. 2년만인

1610년에는 허준의 「동의보감」이 발간됐다.

허준은 선조의 죽음을 막지 못했다는 죄로 귀양 가 있었는데 신하들의 반대를 무릅쓰고 불러들여 「동의보감」을 완성하도록 했다. 동양 최고의 의서 「동의보감」을 통해 기아와 질병에 시달리던 백성들이 치료받게 됐다. 이런 정책을 통해 전란의 와중에 생지옥을 헤매던 백성들이 살아날 길을 찾기 시작했다.

임진왜란으로 농사를 못 짓는 바람에 굶주림이 얼마나 심했던지 명나라 병사가 먹다가 토해낸 것을 주워 먹기 위해 백성들끼리 달려들다 박이 터졌다는 기록이 있고 사람들이 서로 잡아먹었다는 기록도 있다.

광해군의 주특기는 외교였다. 임시정부 수반으로서 전쟁을 치러낸 경험 덕분이다. 임진왜란 후유증으로 명나라가 망하고 신흥 강대국 청나라가 들어서는 위태로운 국제정세를 잘 파악해 안보를 튼튼히 하고 평화를 유지했다. 사대주의와 명분론에 사로잡힌 신하들의 강요로 어쩔 수 없이 명나라에 원군을 파견하면서 지휘관 강홍립에게 '정세를 관망하여 향배를 결정하라'고 지시한 것은 조선 외교사에서 드문 일이다.

광해군 시대는 정인홍의 시대였다. 광해군은 즉위하자마

자 유배지에 있던 정인홍을 불러 한성판윤으로 임명했다. 이후 대사헌에 영의정까지 최고의 벼슬을 계속 내렸다.

　임진왜란 때는 같은 편이었다. 광해군이 분조를 이끌고 적진을 누빌 때 정인홍은 환갑을 앞둔 고령에도 의병을 일으켰다. 1년 전 김덕령이 죽는 것을 보면서 1597년 정유재란 때는 의병으로 나서는 사람이 없었으나 정인홍은 곽재우와 함께 그때도 의병을 일으켰다.

　이런 동지 의식에다 자신이 임금이 되느냐 아니면 죽느냐 하는 절체절명의 순간 목숨을 걸고 자신을 지켜준 사람이 바로 정인홍이다. 또 남명 학파라는 큰 인맥의 지도자다. 광해군에게 정인홍은 은인이자 든든한 의지처였다.

　정인홍은 모든 벼슬을 사양했다. 벼슬을 내려도 고향 합천에 머물 뿐 상경하지 않았다. 상경하더라도 며칠 머무르다 낙향했다. 1608년 영의정으로 임명됐지만 마찬가지였다. 광해군은 하는 수 없이 합천까지 사람을 보내 국정 현안에 대한 정인홍의 의견을 들어야 했다. 인조반정 나던 1623년까지 계속해서 그랬다.

　정인홍은 스승 현창사업에 몰두했다. 1609년 덕천서원과 용암서원, 신산서원 등 남명을 모신 서원을 다 사액서원으로 승격시켰다. 사액이란, 임금이 서원의 현판을 하사하고 책과 노비를 주는 등 특전을 베푸는 것으로 서원으로서는 최고의 영예다.

    1615년에는 남명을 영의정으로 추증하고 문정이라는 시호를 내렸다. 도덕을 갖추고 학문이 깊다는 의미로 문(文)이라 하고, 도를 올곧게 하여 조금도 흔들림이 없었다는 의미로 정(貞)이라고 하였다. 정이라는 글자에 담긴 뜻은 조선시대 시호를 짓는 법에는 없던 내용이었는데 중국의 사례에서 찾아 특별히 부여한 것으로 그 의미가 깊다.

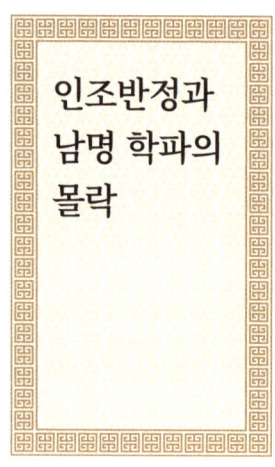

인조반정과 남명 학파의 몰락

　광해군 시대는 이순신 장군, 의병장들과 반대편에 섰던 세력들에게는 암울한 시대였다. 서로 기대면서 의지가 되었던 선조의 죽음과 함께 희망도 사라져버렸다. 광해군과 그 아들, 그의 손자, 손자의 손자까지 대를 이어 광해군 시대가 계속되면 이들에게는 내일이 없다. 명분도 없고 세력도 약하니 언제 벼슬을 할 수 있을지 기약이 없다. 벼슬하는 것 말고는 다른 직업이 없던 시절, 벼슬길 막히면 그냥 실업자다. 벼슬 못하고 2~3대 내려가면 양반행세도 힘들다. 세상을 뒤엎지 않고는 살길이 없었다.

오랜 준비 끝에 쿠데타를 일으켰다. 광해군은 막을 기회가 있었으나 흘려버리고 말았다. 특히 거사 당일 쿠데타 가담자 중 한 명이 길에서 만난 지인에게 오늘 밤 반정에 동참하라고 권했으나 오히려 광해군에게 고변했다. 광해군은 이것을 듣고도 대수롭지 않게 지나쳤다가 적기를 놓쳤다. 광해군이 내심 이들을 가볍게 여기지 않았을까 싶기도 하다. 전쟁 도중 선조를 따라 도망 다니며 이들이 저지른 일들의 수준을 생각하면서 그렇게 여겼을 수도 있겠다.

1623년 3월 13일 우리 역사상 가장 명분 없는 쿠데타가 일어났다. 얼마나 명분이 없었는가 하는 것은 쿠데타 세력이 내세운 이른바 혁명 공약을 보면 알 수 있다. 그들은 양대 공약을 내걸었다.

하나는 폐모살제(廢母殺弟). 광해군이 동생 영창대군을 죽이고 어머니 인목대비를 폐하는 패륜을 저질렀다는 것이다. 영창대군이 죽은 것은 안타까운 일이다. 하지만 선조는 재혼해 영창대군을 낳으면 안 되었다. 십수 년 세자로 있던 광해군은 어떻게 하란 말인가.

어느 세상이나 불만 세력은 있다. 광해군 시대가 계속된다면 살아갈 길이 없어진 불만 세력이 영창대군 뒤에 붙는 것은 마치 물이 아래로 흐르는 것처럼 당연한 순서다. 불만 세력이 불온 세력이 되어 선조의 적자는 영창대군뿐이라고 꼬드겼을 것이다. 영창대군이야 31살 연상의 형님과 잘 지내고 싶은 마음 굴뚝같았겠지만, 세상이 그렇게 호락호락 돌아가던가.

광해군 편에도 나쁜 무리가 많이 있었을 것이다. 실력이 모자라 크게 판을 벌이지 않고는 출세가 요원한 자들이 있었을 것이다. 화근은 뿌리부터 뽑아야 한다는 말이 나오기 시작했을 것이다. 그 말이 자라고 자라 영창대군은 죽고 인목대비는 유폐되고 대비의 아버지 김제남도 죽었다.

이것을 패륜이라고 하면 형제를 비롯해 수많은 혈육을 죽인 이방원, 수양대군은 뭐라고 해야 하나. 패륜을 응징하겠다며 임금에 오른 인조가 보여준 패륜은 상상을 초월하는 것이었다. 자기 잘못으로 청나라에 인질로 끌려간 큰아들 소현세자를 독살하고 이를 원망하는 며느리는 사약을 내려 죽이고, 손자 셋은 제주도로 귀양 보내 첫째와 둘째를 풍토병인지 타살인지 죽게 했다.

다른 하나는 재조지은(再造之恩)이다. 임진왜란 때 조선을 구해 다시 살아나게 해준 명나라에 대한 은혜를 저버렸다는 것이다. 당시 국제정세는 엄청난 기세로 새로 일어나는 청나라가 쇠락해 가는 명나라를 공격하는 상황이었다. 조선은 원군을 요청하는 명나라와 끼어들지 말라는 청나라 가운데 끼어 있었다. 광해군은 그 위태한 정세 속에서 지혜롭게 대처해 평화를 유지하고 있었다. 중국의 주인이 정해지면 새로 외교관계를 맺으면 되었다.

쿠데타 세력은 지나치게 명나라에 집착했다. 그들이 그렇게 과도하게 집착한 이유는 무엇이었을까. 명나라가 조선을 구원해 준 것이 너무나 고마워서 그랬을까. 혹은 국제정세에 너무 어두워서 그랬을까. 그 이상의 무엇이 있었다는 것이 나의 판단이다.

명나라 은혜를 앞세우지 않으면 쿠데타는 명분 자체가 없어진다. 전란에서 조선을 구해 낸 영웅들이 나라를 맡아 잘 운영하고 있는데 도망만 다니던 자신들이 정권을 잡을 어떤 이유가 있다는 말인가.

그들은 조선이 살아난 것은 오로지 명나라 군대 덕분이라는 논리를 세워야 했다. 명나라 군대가 주연이고 이순신과 의병들은 조연에 불과하고 엑스트라에 지나지 않는다고 주장해야 했다. 그렇게 주장하지 않으면 쿠데타를 일으킬 수가 없었을 것이다.

그들의 심정은 선조의 명량해전에 대한 논평에 잘 드러나 있다. 13척의 배로 330여 척을 격파해 나라를 구한 세계 해전사에 빛나는 승전에 대해 보고받은 선조는 이렇게 말했다.

"우리 장수들이 왜적을 토벌하지 못하고 천자의 조정을 번거롭게 만들고 있다. 죄를 기다릴지언정 무슨 공적이 있단 말인가. 비록 사소한 왜적을 참살했다 하더라도 변방의 장수로서 할 일을 했을 뿐이다."

전후처리 중에서 가장 중요한 공신 책봉 때 전쟁터에서 목숨 걸고 싸운 군인인 선무공신은 18명에 불과했다. 의병은 아무도 없었다. 반면 선조를 따라다닌 호종공신은 무려 86명에 이르렀다. 그중에는 내시가 24명 포함돼 있다. 목숨 걸고 이순신을 변호한 정탁,「동의보감」의 허준과 같은 반열이다. 1등 공신은 이항복과 정곤수 2명이다. 이항복이야 그렇다고 하더라도 정곤수라는 낯선 이름이 2등 공신, 서애 류성룡보다 높은 급에 오른 것은 의아한 일이다. 정곤수는 명나라에 원병을 청하도록 건의해 청병진주사(請兵陳奏使)로 명나라에 파견돼 원병을 얻어온 공으로 1등에 올랐다.

공신 책봉이 끝나고 1604년 공신회맹재가 열렸다. 역사를 기록하는 사관(史官)은 회맹재를 보고 이렇게 기록했다.

"태조를 도와 공을 세운 사람 가운데 기록할 만한 사람이 어찌 적었겠는가. 그런데도 개국공신이 30여 명에 불과했다. 내시가 끼어 있다는 말은 듣지 못하였으니 조종께서 신중히 하신 뜻을 당연히 본받아야 하는 것이다. 지금 호성공신 선무공신은 그 수가 104명이나 되고 심지어는 고삐를 잡는 내시와 명을 전달하는 심부름꾼까지 모두 거두어들여 외람되이

공신명	등위(인원수)	공식명칭	성명
호성공신(扈聖功臣)	1등(2명)	충근정량갈성효절협력호성공신(忠勤貞亮竭誠效節協力扈聖功臣)	이항복, 정곤수
	2등(31명)	충근정량효절협책호성공신(忠勤貞亮效節協策扈聖功臣)	유성룡, 이원익, 윤두수, 윤근수, 김응남 외
	3등(53명)	충근정량호성공신(忠勤貞亮扈聖功臣)	정탁 외
선무공신(宣武功臣)	1등(3명)	효충장의적의협력선무공신(效忠仗義迪毅協力宣武功臣)	이순신, 권율, 원균
	2등(5명)	효충장의협력선무공신(效忠仗義協力宣武功臣)	신점, 권응수, 김시민, 이정암, 이억기
	3등(10명)	효충장의선무공신(效忠仗義宣武功臣)	정기원(鄭期遠)·권협(權悏)·유사원(柳思瑗)·고언백(高彦伯)·이광악(李光岳)·조경(趙儆)·권준(權俊)·이순신(李純信)·기효근(奇孝謹)·이운룡(李雲龍)
청난공신(淸難功臣)	1등(1명)	분충출기합모적의청난공신(奮忠出氣合謀迪毅淸難功臣)	홍가신
	2등(2명)	분충출기적의청난공신(奮忠出氣迪毅淸難功臣)	박명현, 최호
	3등(2명)	분충출기청난공신(奮忠出氣淸難功臣)	신경행, 임득의

임진왜란 공신 명단. 청난공신은 이몽학의 난 관련이다.

기록했는가 하면 이들과 함께 소반의 피를 마시고 산하를 가리키며 맹세했으니 후세의 비웃음을 남긴 것이 극에 달했다."

쿠데타가 성공하자 주도 세력은 청과의 관계를 끊었다. 관계를 끊으면 쳐들어온다는 사실을 몰랐던 것이 아니라 쳐들어와도 어쩌는 수 없었을 것이다. 전쟁이 나도 죽어 나가는 것은 백성들이지 자신들은 아니다. 청나라는 당연히 쳐들어왔다. 광해군을 폐위시킨 것을 문책한다는 명분이었다. 1627년 정묘호란이다. 도저히 상대가 안 되었다. 바로 항복하고 형제관계를 맺었다. 청은 군신 관계를 요구했다. 인조 정권은 또 거부했다. 다시 쳐들어왔다. 1636년 병자호란이다. 결사 항전할 것처럼 남한산성에 들어갔으나 얼마 못 가 항복했다.

삼전도의 굴욕이라는 우리 역사상 가장 치욕적인 항복식이 벌어졌다. 인조가 삼전도에 설치된 항복식장으로 문무백관을 거느리고 맨발로 걸어 들어갔다. 맨바닥에서 높은 단상에 앉은 청나라 황제 홍타이지에게 한 번 절을 할 때마다 세 번 바닥에 머리를 찧는 것을 세 차례에 걸쳐 반복하는 항복식 이른바 삼배구고의 예를 행했다. 이 전쟁으로 인조는 자식들과 대신들을 볼모로 청에 보내고, 군신의 관계를 맺고 해마다 엄청난 조공을 바쳐야 했다.

쿠데타 세력이 가장 서두른 일은 정인홍 처형이었다. 쿠데타 이틀 후인 3월 15일 합천에 있던 정인홍을 체포해 한양으로 압송했다. 그리고는 4월 3일 정식 재판절차도 없이 공소장 낭독만으로 88세의 노인 정인홍을 참수했다. 장수하는 사람이 귀해 70세를 넘기면 죄를 지어도 죽이지 않는다는 당시 형법의 기본원칙을 어기면서까지 목을 친 것이다. 정인홍이 살아 있다는 존재감 자체가 자신들이 잡은 권력의 정당성을 뿌리부터 흔들기 때문에 그랬을 것이다.

그들은 남명 학파를 파묻어버렸다. 무려 7년이란 오랜 세월 동안 의병장으로 세운 혁혁한 공로가 아니었다면 얼마나 더 무참하게 낭했을지 모른다. 이

삼전도비(위), 부조(아래)

후 남명 학파는 와해의 길로 들어서게 되었다. 학문적 지도자도 잃고 정치적 입지도 잃었다. 그러나 맥이 완전히 끊어지지는 않았다. 워낙 뿌리가 깊고 컸기 때문이다. 덕천서원과 용암서원 그리고 신산서원을 중심으로 남명 학파의 명맥만은 가느다랗게 이어지고 있었다.

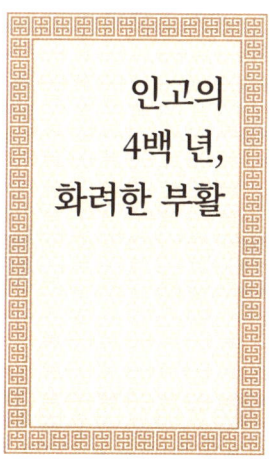

인고의 4백 년, 화려한 부활

 인조반정 이후에 남명 학파의 인물로서 중앙 정계에 남아 있던 특별한 한 사람이 있다. 동계 정온(1569~1641)이다. 임진왜란 때 의병을 일으킨 정유명의 아들로 정인홍의 제자다. 남명에 대해 '경의의 학문을 정밀하게 연구하여 이미 성현의 경지에 이르렀다.'라고 썼을 정도로 독실했다.

 1613년 계축옥사 때 스승 정인홍에게 역적을 토벌하는 논리를 어린아이인 영창대군에게 적용하는 것은 안 된다는 편지를 썼고, 그 때문인지 정인홍도 영창을 죽일 필요는 없다는 입장에 섰다. 1614년 강화부사 정항이 위리안치되어 있던 영창대군을 살해했다. 정온은 즉각 상소를 올려 정항의 목을 베라고 했다. 이 때문에 반역을 옹호했다는 죄로 제주도 대정으로 귀양 가 10년 동안 위리안치되어 있었다.

인조반정이라는 쿠데타가 성공하고 인조가 가장 먼저 불러들인 사람이 정온이다. 이조참판, 대제학을 역임했다. 대제학은 당대 학문의 영수가 맡는 것이 일반적이다. 옳지 않다 싶으면 죽음을 두려워하지 않고 격렬하게 반응한 행동가였을 뿐만 아니라 학문적으로도 높은 경지에 올라 있었다. 남명집 간행에 발문을 쓰기도 했다.

정인홍이 처형되자 감히 누구도 시체를 수습하지 못했는데, 오직 정온이 남명의 둘째 아들 조차마와 더불어 시체를 수습하여 고향 땅으로 옮겨 장사를 지내주었다. 정묘호란 때는

정인홍의 정자 부음정

벼슬을 그만두고 낙향해 있었으나 전쟁이 일어나자 바로 인조가 있는 행재소로 달려가 호종했다. 병자호란 때는 이조참판으로 강화를 끝까지 반대하고 결사 항전을 주장했다. 인조가 항복을 결정하자 할복자살을 기도했다. 창자가 밖으로 쏟아졌으나 다행히 목숨은 보전되어 수술하고 살아남았다.

그러나 오랑캐 나라의 속국에서는 살 수 없다며 낙향해 사람이 살지 않는 산속에 초가를 얽어 살았다. 자기 사는 곳의 지명을 이름 없는 마을에 새가 사는 둥지라는 뜻으로 모리구소(某里鳩巢)라고 했다. 이로써 그는 절의의 상징이 되었고, 그 집안은 명문가로 자리 잡았다.

그가 죽고 약 90년 후 역모 사건이 일어났다. 1728년 무신

정온이 낙향해 산속에 초가를 짓고 살았는데, 이름없는 마을에 새가 사는 둥지 라는 뜻으로 모리구소라 했다.

년에 벌어졌다고 무신의난 혹은 무신 사태라고 부른다. 남인과 소론이 연합전선을 펼쳐 영조를 쫓아내려 한 사건이다. 인조반정으로 남인은 벼슬길이 막히고 소론은 노론과의 권력투쟁에서 패배해 역시 정권에서 배제돼 있었다.

영조의 이복형 경종은 남인과 가까웠는데 즉위 4년 만에 죽었다. 노론은 무수리 출신 최 씨에게서 태어난 영조를 즉위시켰다. 경종이 독살됐다는 소문이 파다한 가운데 영조의 정통성을 인정하지 않는 분위기도 강했다.

청주에서 이인좌가, 안음에서 정희량이 거병했다. 동시다발로 궐기해 한양으로 진군하면 한양에서 내응군이 일어나 도성을 점령한다는 계획이었다. 거병의 구호로 '백성들의 부역을 감하고, 수령을 죽이지 않으며, 한 사람의 백성도 죽이지 않고, 백성의 재산을 노략질하지 않으며, 부녀자를 겁탈하지 않는다.'라는 것을 내세웠다. 그러나 내부에서 배반자가 나와 실패로 돌아갔다. 즉위 4년 만에 터진 이 역모에 대해 영조는 가혹하게 대처했다. 이인좌와 정희량은 체포되어 능지처사됐다.

정희량은 정온의 증손자의 둘째 아들이었다. 거병에 참여했던 인물 중에는 남명 학파의 후손들이 다수 포함되어 있었다. 이 사건을 계기로 노론 세력이 정권을 완전히 장악하는 세도 정권이 완성됐다. 이후 조선은 패망의 길로 치닫게 된다.

남명 학파의 명맥을 완전히 끊어버리는 치명적인 법이 도입됐다. 경상우도 즉 오늘날의 경상남도가 반역향으로 낙인찍혔다. 50년간 과거 응시 자격이 박탈당했다. 그리고 그 원인(遠因)을 남명과 정인홍에게까지 연결하게 했다. 이후 남명 학파의 본산인 경상남도 지역에서는 갑오경장으로 과거제도가 없어지기까지 단 한 명도 과거에 급제하여 벼슬에 나간 인물이 나오지 않았다.

남명 학파에는 기나긴 고난의 세월이 찾아왔다. 끝이 날지, 끝이 나더라도 언제일지 알 수 없었다. 정권교체는 없고 정권 재창출로 수백 년 권력이 유지되던 시절이었다. 길은 두 가지밖에 없었다. 저항하거나 투항하거나. 저항은 실패했다. 유일하게 남은 선택지는 투항이다.

서서히 노론에 투항하는 가문이 생겨나기 시작했다. 남명을 부인할 수는 없었다. 대신 정인홍이 희생양이 됐다. 집권 세력은 갈라치기 전술을 구사했다. 남명은 훌륭한데 정인홍이 문제라는 논리를 폈다.

무신 사태 12년이 흐른 1740년 영조실록에는 "조식의 문하에서 정인홍이 나왔는데 이는 순경의 문하에 이사가 나온 것과 같다."라는 내용이 나온다. 순경은 순자이고 이사는 법가의 대표적인 인물로 진시황을 도와 진나라가 천하를 통일하도록 했으나 2세 황제에 의해 비참하게 처형당한 인물이다.

정인홍은 제자가 많았다. 남명의 수제자이고 임진왜란의 영웅이고 한동안 나라의 최고 어른이었기 때문이다. 정인홍을 광해군 시대의 호메이니라고 부르는 사람도 있다. 제자 가문에서 정인홍과의 관계를 슬슬 지우기 시작했다. 조상의 문집이 개작되었다. 정인홍과 관련된 글을 삭제하기 위해서다.

'역적 정인홍'은 1908년에야 복권됐다. 1905년 을사늑약으로 조선이 망했다는 사실이 확인되고 난 이후였다. 하지만 아직 실질적인 복권이 이루어졌다고 보기는 어렵다.

몇 년 전 한국선비문화연구원 대강당에서 정인홍 관련 행사가 열렸다. 강당을 가득 채우고 모자라 복도에도 앉았다. 지금까지 강당에 그렇게 많은 인파가 모인 적이 없다. 거의 전부가 정인홍의 후손들이었다.

그 장면을 보면서 나도 모르게 눈물이 났다. 1623년으로부터이니 400년 가까이 흘렀다. 그 오랜 세월 동안 얼마나 외롭고 고단하고 서러웠을까. 역지사지에다 동병상련도 있지 않았나 싶다.

선조실록에는 선조가 남명의 제자로서 벼슬을 하고 있던 동강 김우옹(1540~1603)과 주고받은 문답이 나온다. 선조가 "조식은 사람을 어떻게 가르쳤는가." 묻자 김우옹은 "사람에게 정신과 기개를 가르쳐 흥기(興起)된 자가 많았는데 최영경, 정인홍 같은 사람이다."라고 답했다.

김우옹은 곽재우의 손위 동서다. 곽재우보다 먼저 남명의 눈에 들어 큰 외손녀의 신랑감으로 찍었다. 남명은 경의검이라는 칼과 성성자라는 방울을 늘 지니고 다녔다. 경의검은 정인홍에게 주고, 성성자는

성성자

경의검

칼 찬 선비들의 전쟁

김우옹에게 주었다.

정인홍은 수제자라고 하고 최영경은 높을 고(高)자를 넣어 고제자라고 한다. 정인홍은 눈이 별처럼 빛나 쏘아보면 겁이 나서 마주 쳐다보지 못할 만큼 강한 기질로 남명 학파 제자들의 지도자였지만 늦게 합류한 최영경에게는 깍듯했다고 한다. 최영경이 6세 연상이지만 정인홍 정도의 인물이 나이만으로 머리를 숙이지는 않았을 것이다. 존경할 만한 부분이 있었던 데다가 무엇보다 한양에서 내려옴으로써 스승을 전국구로 만들어준 것 등을 여러모로 감안하지 않았을까 싶다.

인조반정 이후 수우당 후손들의 삶도 고단했다. 더 심했다고 하는 것이 옳겠다. 다른 제자 가문은 대부분 진주에 기반을 둔 호족 세력이기 때문에 벼슬길이 막혀도 살아갈 수 있었다. 한 가문이 모든 것을 독점하던 시절이다. 권력이 없어도 부와 명예와 영향력은 여전히 갖고 있었다.

수우당 후손들에게는 그런 것이 없었다. 1575년 수우당의 이사로 진주사람이 되었지만 1590년 옥사했다. 수우당의 명예는 회복되었지만, 그뿐이었다. 광해군 시대가 계속되고 남명 학파가 나라의 중심 정치세력으로 계속 이어졌다면 수우당 가문에도 혜택이 미쳤을지 모른다. 하지만 인조반정이 발

생했다. 남명 학파로 살아남는 것 자체가 힘든 시절 누가 누구를 챙길 수 있었겠는가.

400년 가까이 수우당의 후손들은 진주에서 농사를 지으며 근근이 목숨만 부지하며 살았다. 사정에 따라 진주와 덕산을 오가며 살았다. 덕산으로 간 것은 수우당 주도로 세운 덕천서원이 있기 때문이다. 경상우도의 다른 지역은 아무 연고가 없다. 지리산 계곡에 자리 잡은 덕산은 골짜기가 워낙 깊어 논밭이 손바닥만 하다. 농사라기보다는 화전민을 겨우 면하는 수준이다.

그 고단한 삶 속에서도 수우당과 그 이전 '가문의 영광'은 집안의 전설로 남아 아들로 손자로 전해 내려왔다. 아버지, 아버지의 아버지, 아버지의 아버지의 아버지들은 그 전설이 흩어져 잊히지 않게 하려고 눈물겨운 노력을 거듭한 모양이다.

수우당 사후 100년쯤 지났을 무렵, 양천익이라는 분이 수우당의 행적에 관해 쓴 글을 보면 이런 대목이 나온다. 끝에 자신이 글을 쓰게 된 경위를 설명하는 부분이 있는데 이렇다.

"선생의 후손 정석(증손자)이 가승(家乘) 한 편을 가지고 와 눈물을 흘리며 나에게 말하기를 '이 세상을 돌아보건대 우리 선조를 위하여 붓을 잡을 사람이 없는 것은 아니나 우리 선조를 아는 사람은 공보다 나은 이가 없다.'라며 재삼 간청했다. 나는 적임자가 아니라고 사양하였으나 정석이 다시 여러 관련된 글들을 모아 청하는 것이 더욱 간절하니 그 효성이 또한 가상하였다."

수우당 이후 조상에 대해서는 아는 것이 없다. 기록으로 남아 있는 것도 없고 이야기로 전해지는 것도 없다. 몰락한 가문이 대개 그렇듯이 말이다.

대원군이 집권하고 1868년부터 전국의 서원들이 철폐됐다. 1871년 덕천서원도 철폐됐다. 덕천서원의 사당인 숭덕사에 모셔져 있던 남명과 수우당의 위패는 각 문중 집안에 보관됐다. 1920년 경의당을 시작으로 1926년 숭덕사까지 복원돼 1927년부터 향사가 재개됐다. 1612년부터 같이 모셔져 있었으니 남명 위패를 모실 때 당연히 수우당 위패도 같이 모셔야 했다.

그러나 창녕조씨 문중 일각과 유림 일각에서 수우당 위패를 덕천서원에 들어가지 못하게 막았다. 수우당 후손들로서는 견딜 수 없는 참담한 일을 당한 셈이다. 12대 종손 최준열은 당시 9세였다. 나는 선친으로부터 그 일에 대해 직접 들은 적은 한 번도 없다. 그래서 별다른 느낌 없이 덕천서원 옆을 지나다녔다. 그런데 선친은 어떠셨을까. 우리 집안이 진주사람이 된 근본이 원천적으로 부인당한 현장을 매일 지나다니면서 어떤 심정이었을까, 생각하면 가슴이 미어진다.

1970년대 남명 현창사업이 시작됐다. 남명을 연구하고 그 위상에 걸맞게 모시는 사업이 여러모로 진행됐다. 그때쯤 남명은 거의 잊힌 이름이었다. 남명의 후손들이 사는 덕산에서도 그랬다. 후손 중 한 사람은 남명이라는 조상이 있는 줄은 알았지만, 위상이 산청 교육장 정도 되는 줄 알았다고 했다. 설마 나라의 스승일 줄은 몰랐다고 했다.

현창사업은 남명의 12세손 조옥환 부산교통 사장이 중심이 되었다. 조옥환은 지금까지 남명과 관련된 모든 일에 자금을 댔다. 남명 부활에는 조옥환의 공이 결정적이다. 학술적인 부분은 고 김충렬 고려대 교수가 맡았다. 대학자로서 남명의 가치를 정확하게 알고 있었다. 학술적인 측면만 아니라 사업 전반에 걸쳐 주도했다. 조옥환은 1년 연상 김충렬과 의형제를 맺었다.

김충렬은 1976년 월간지에 실린 '지식인의 수난사'라는 글에서 남명의 행적을 기고했다. 당시 숙명여대에 다니고 있던 후손이 이 글을 읽고 문중 어른들에게 알렸다. 문중 사람들은 그 책을 구해 읽고 감격했다.

남명에 대한 최고의 명문으로 꼽히는 글은 남명의 절친했던 벗 대곡 성운이 쓴 묘갈명이다. 남명에 대해 누구보다도 잘 알던 성운은 "하필 지금의 사람들에게서만 알아주기를 구하리오. 백 세를 기다려 아는 사람은 알아줄 것이다."(然何必求知於今之人 直百世以俟知者知耳)라고 썼다. 후손들은 김충렬이 묘갈명에 나오

남명제

는 '백세이사지자'(百世以俟知者)라고 여겼다.

김충렬은 1977년 8월 9일 진주를 방문했다. 진주 학생실내체육관에서 2천 명 이상 모인 가운데 학술강연회를 열고, 다음날에는 당시 대아고등학교 설립자 겸 교장으로 경남 사립 중고등학교 교장단 회장이던 아인 박종한 주도로 덕천서원에서 열린 제1회 남명제에 참석했다.

김충렬은 그 심경을 한시로 남겼다. '남명 선생 사당을 참배하면서'라는 의미의 '알남명선생사우'에서 이렇게 읊었다.

"천 리 길 진주가 한나절 일정이니, 아침에 서울 떠나 저녁에 산청이네. 구름은 지리산의 참모습 감추고, 물은 양당에서 만나 세속으로 흐르네. 선생 거처했던 깊은 시골 서원은 그윽하고, 철인의 비석 오래되어 돌꽃 푸르구나. 이제껏 영령 돌아갈 곳 없어 적막한 선생은 후생을 기다리셨네."

김충렬과 조옥환은 환상적인 콤비였다. 김충렬이 정확한 방향을 잡으면 조옥환은 강력한 추진력으로 밀어붙였다. 조옥환은 김충렬 말이라면 무조건 신뢰했다. 동시대에 두 사람이 파트너로서 친구로서 함께했던 것은 우리 역사에서 하나의 행운이었다고 생각한다.

매사에는 결정적인 국면이 있다. 남명 부활에서 결정적인 국면은 국가사적 지정이었다. 1983년 덕천서원과 산천재 등 남명 관련 유적들이 국가지정문화재 사적 305호로 지정됐다. 불가능에 가까운 일이었다.

조옥환은 김충렬을 만났을 때 남명을 제대로 모시려면 어떻게 해야 하는지 물었다. 조선이 없어졌기 때문에 문묘 종사는 안 되는 일이고 국가사적으로 지정하면 될 것이라고 했다.

조옥환이 자청해 책임을 떠맡았다. 조옥환은 김충렬의 이야기를 들으면서 과거 초등학교 시절 귀에 못 박히게 들었던 남명에 관한 이야기가 떠올랐다고 한다. 그때 외삼촌들이 바로 옆집에 살았는데 거의 매일 저녁 아버지를 따라 놀러 가 어른들이 대화하는 것을 들었다.

외삼촌들은 동강 김우옹의 후손으로 남명 학파와 역사에 대해 해박했다. 훨씬 못한 사람들도 높이 떠받들어지는데 남명이 억울한 대우를 받고 있다고 울분에 차 말했다고 한다. 그때는 이해가 안 갔던 외삼촌들의 말이 환하게 이해가 됐고 '이것이 나에게 주어진 소명이구나' 생각했다는 것이다.

조옥환은 엄청나게 노력했다. 문화부에서 실무를 담당했던 주무 계장이 마침 덕산 사람이었는데 많이 도와주었다. 당시 실세로 통했던 교육부 장관도 도왔다. 국가사적 지정 신청을 했으나 실패했다. 다시 도전했으나 또 실패했다. 두 번의 잇따른 실패로 크게 낙담했다. 가장 큰 걸림돌이 문화재위원회 위원장이라는 사실을 알아냈다. 경기도 마석으로 찾아가 만났다. 김충렬이 아는 사람이었다. 조옥환은 1시간 반 동안 바깥에서 기다리고 두 사람이 대화를 나누었다. 마침내 김충렬이 밝은 표정으로 나왔다. 그렇게 국가사적으로 지정됐다. 원래 건물이 불타고 다시 지었는데 사적으로 지정된 경우는 거의 없었다고 한다. 수우당 12세손 최병렬은 당시 조선일보 편집국장이었다. 조옥환은 김충렬의 주선으로 최병렬을 만났다. 최병렬도 힘을 보탰다.

남명에 대한 연구는 짧은 기간에 비약적인 발전을 이루었다. 경상대 교수를 지낸 오이환의 '남명학 관계 기간 문헌 목록'에 따르면 2011년 말까지의 기간 문헌 목록만 120쪽에 이르고 발표된 논문만 2천 편을 넘는다. 남명 탄신 5백 주년을 맞아 대대적인 기념사업을 행한 2001년 이후로는 관련 기관들에서 정기적으로 학술회의를 개최하고 논문집을 간행하고 있어 1년에 최소 50편 이상의 연구실적이 추가되는 것으로 간주한다.

남명학 관련 연구실적을 정기적으로 간행하고 학술회의

국제학술회의

연구성과물 도서

1995년 2월 정부 지정 이달의 문화인물 포스터

를 개최하는 대표적인 단체만 해도 사단법인 남명학연구원을 비롯해 경상대 남명학연구소, 서울대 남명학회, 진주교육대의 남명학교육 연구재단 등이 있다. 남명의 학문과 사상은 남명학이라는 고유명사로 자리 잡고, 동양 철학계에서는 한국의 대표적 사상가 10인에 포함했다. 이처럼 단기간에 한 인물에 관한 연구가 폭발적으로 이루어진 사례는 전무후무하다고 한다.

현창 사업은 승승장구했으나 뭔가 허전했다. 남명이 남명인 것은 제자들 때문이기도 하다. 남명의 위대함은 위대한 제자들로부터 온 것이다. 인품이 어질다거나 공부를 잘했다거나 제자들을 출세시켰다거나 하는 것과는 차원이 다르다. 학문적 성취는 물론이고 인격적인 수양, 드높은 기상, 나라를 위해 목숨을 바치는 의로움을 겸비한 제자를 길러낸 것이 남명을 남명으로 만들었다.

홀로 우뚝한 것은 남명이 아니었다. 이 사실을 가장 절감한 사람은 역시 조옥환이었다. 제자 문중과의 화해 없이는 온전한 남명현창이 안 될 것이라는 사실을 깨닫게 됐다. 조옥환은 수우당 위패를 다시 모시는 복향(復享)이 최우선 선결과제라고 판단했다. 수우당 12대 종손 최준열도 진주에 살고 있었다.

복향을 제안했으나 최준열은 거절했다. 어른들도 다 생각이 있어 하신 일일 텐데 우리 대에 와서 굳이 바꿀 필요가 있겠느냐고 했다. 당시 관련된 자리에서 최준열을 만난 분의 전언에 따르면 웃는 표정에 부드러운 말투였으나 단호했다고 한다.

80년대 초반 나는 서울에서 대학교에 다니고 있었다. 선친이 상경하면 늘 수행했다. 상경하면 집안 동생 최병렬을 먼저 만나는 것이 선친의 루틴이었다. 선친은 최병렬을 사랑하고, 자랑하고, 문중의 대소사를 의지했다. 입 밖으로 말을 꺼내면 하늘이 두 쪽이 나도 지키는 사람, 사리가 분명하고 특히 공과 사를 엄격하게 구분하는 우리 집안의 큰 인물이라는 말을 어릴 때부터 수도 없이 들었다. 수우당 외에 가장 많이 듣고 자란 이름이다. 최병렬 당시 조선일보 편집국장도 종손 형님에게는 깍듯했다. 만나면 도란도란 정답게 이야기를 나누었다. 두 분 사이에는 좀 더 특별한 관계가 있었다.

최준열은 13세에 아버지가 돌아가시고 소년가장이 됐다. 홀어머니 모시고 두 동생과 함께 살아가기가 쉽지 않았다. 이때 후원자가 최병렬의 아버지 최근홍이었다. 종손을 저렇게 두면 안 된다며 발 벗고 나서 소년가장을 도왔다.

최근홍은 문중에서 가장 뛰어난 사람이었다. 글도 잘하고 말도 잘하고 경제적 능력도 있었다. 지리산에 넓은 산지를 확보해 땔감을 만들어 파는 기업을 운영해 성공했다. 수우당 위패가 갈 곳이 없어진 상황에서 지역 유림과 뜻을 모아 진주에 도강서당을 세워 모시는 일도 최근홍이 주도했다. 최근홍의 후원으로 최준열은 결혼도 하고 동생들도 키웠다.

최병렬 역시 13세에 아버지를 잃었다. 이번에는 최준열이 나섰다. 최준열은 학문이 높거나 재산이 있는 것은 아니었지만 수우당 가문 부활에 대한 굳은 의지와 타고난 강한 기질, 씨름대회 나가 소를 상으로 받을 정도의 용력 등으로 문중에서 큰 권위를 가지고 있었다. 그 힘으로 어린 최병렬을 보호했다. 그런데 어느 날 두 분이 큰소리로 다투었다. 평생 그렇게 화내며 싸우는 모습을 보지 못했다. 아무도 끼어들지 못하고 지켜보고 있을 수밖에 없었다. 당시에는 자세한 사정은 몰랐다. 뒤에 생각해 보니 수우당 복향 문제를 두고 그랬던 것 같다.

덕천서원 국가사적 지정 건으로 최병렬과 접촉했던 조옥환은 그를 통하면 복향 문제가 해결될 것으로 판단했던 것 같다. 김충렬도 같은 생각이었을 것이다. 최병렬은 처음에는 그리 어려운 일이 아닐 것으로 판단했던 것 같다. 수우당 위패가 원래 있던 장소로 돌아가는 것을 굳이 반대할 리 있겠나 생각했을 것이다. 그날 두 분이 만난 자리에서 복향 이야기가 나오고, 선친은 거부하고, 최병렬은 반박하는 과정에서 논쟁이 비화해 열전으로 번졌던 모양이다.

2004년 나는 진주에서 국회의원이 됐다. 조옥환이 복향 말을 다시 꺼냈다. 나도 최병렬과 같은 견해였다. 남명 때문에 진주로 내려왔고 제자 중 유일하게 배향돼 수백 년 동안 함께 모셔져 있던 수우당인데, 곡절은 있었지만 복향하자면 해야 하는 것 아니냐고 생각했다. 선친은 막내아들인 내 말은 잘 들어주었기 때문에 충분히 설득할 수 있다고 생각했다.

선친은 완강했다. 그런 꼴 당하고 어떻게 다시 들어가느냐고 했다. 그때처럼 그렇게 강하게 말씀하는 것을 들어본 적이 없다. 얼마 안 가 건강이 약해지기 시작했다. 다시 그 이야기를 꺼냈다. 원래 계시던 자리 아니냐, 저렇게 미안해하면서 간절하게 원하는데 들어주는 것이 어떠냐고 조심스럽게 말했다. 선친도 생각이 변해 있었다. 이렇게 말했다.

"나는 못 한다. 내 눈에 흙이 들어가기 전에는 안 된다. 그러나 내 죽고 난 뒤에는 알아서 해라."

선친은 2006년 돌아가셨다. 2013년 복향 문제가 유림에서

덕천서원

덕천서원 앞 수우송

본격적으로 다루어졌다. 당시 집안의 큰 어른은 최병렬이었다. 한나라당 대표를 끝으로 정치 일선에서 물러나 있을 때였다. 어떻게 할지 여쭈었더니 "네 아버지 생각은 네가 가장 잘 알지 않느냐. 아버지 생각 감안하여 알아서 결정하라."고 말했다. 형님께도 말씀드렸다.

문중을 대표하는 인사들이 모여 수우당 복향에 대해 회의를 열었다. 조옥환이 남명 문중을 대표해 참석했다. 나는 선친의 말씀을 전하면서 복향을 받아들였다.

선친으로부터 말을 안 들었으면 나도 하지 않았을 것이다. 하지만, 유언처럼 남긴 말씀의 맥락으로 당신의 사후에는 복향을 해도 좋다고 허락한 것으로 이해했다. 생각해보면 선친도 애초부터 복향은 해야 할 일이라고 생각하셨던 것 같다. 다만 그 일을 직접 겪은 당사자로서 자기 생전에는 허락하지 못한다는 고집 같은 것이 있지 않았을까, 그렇게 선친의 복잡했을 심사를 미루어 짐작한다.

이 결정에는 동강 김우옹의 후손으로 지역 유림의 중심인물인 김종선이 막후에서 큰 역할을 했다. 우리 집안은 동강 집안과 수백 년 동안 가깝게 지냈고, 지금도 그렇다.

이 과정에서 조옥환의 노력은 엄청난 것이었다. 자기 손으로 마무리 짓지 않으면 앞으로 영원히 안 될 것으로 판단했다고 한다. 강력하게 밀어붙였고 성사됐다. 남명 학파의 온전한 복원까지는 아직 가야 할 길이 남아 있지만 일단 큰 고비는 넘긴 셈이다.

내가 관계했던 일 중 가장 잘한 일이라고 생각한다. 다른 말을 하는 사람들이 아직 있다. 그럴 때마다 "그 어른들 심정도 이해해야지. 앞날은 깜깜하고 언제 풀릴지 모르는 상황에서 벌어진 일들인데 그 시대를 살았던 분들도 오죽했으면 그러셨겠나."라고 한다. "평소 회장님이 잘 대해 주시어 내가 훌륭해서 그런 줄 알았는데 알고 보니 복향 때문에 그러셨네." 하고 농담도 한다.

조옥환의 일하는 솜씨는 대단했다. 맥락을 찾아 사안의 전모를 파악한 뒤 해결책을 강구하고, 그 방법이 막히면 우회로를 찾고, 충분한 시간을 갖고 기다리면서 결국 목표에 도달한다. 외곽을 때리는 노련한 수법이라는 말도 있지만 쉽게 볼 수 있는 솜씨가 아니라 탄복할 때가 많다. 그래서 수백 년 동안 깊이 파묻혀 있던 남명의 기적 같은 부활이 가능했다고 나는 확신한다.

아버지 이야기를 하지 않을 수 없다. 내 유년의 기억은 아버지의 까칠한 수염으로부터 시작된다. 어머니는 가족의 생계를 위해 내가 태어나기 전부터 보따리 행상을 다녔기 때문에 어머니 품은 기억하지 못한다. 미당 서정주식으로 말한다면 나를 키운 것은 8할이 아버지다.

아버지 13세 때, 할아버지가 돌아가셨을 때 집안 형편은 극도로 어려웠다. 오랜 병으로 집안의 모든 에너지를 소진해 버렸기 때문이다. 소년가장에게는 어머니와 두 동생과 빚만 남았다. 간단하게 말하면 거지가 되었던 것이라고 아버지는 종종 말하곤 했다.

평생 근면하게 일했다. 어릴 때 일이지만, 새벽 서너 시가 되면 동네가 떠나가도록 아우(아버지의 막냇동생이 같은 동네에 두 집 건너 살았다)를 깨우던 아버지의 고함이 아직도 귀에 쟁쟁하다. 아버지는 신식이든 구식이든 글을 배우지 못했다. 신식학문은 아쉬울 것 없는데 한문을 배우지 못한 일이 평생 한이 되었다.

진주 인근에는 각 문중에서 조상을 기리는 행사가 많다. 문중 대표로 그런 행사에 초대받아 가는 일이 잦았던 선친은 한문을 잘해야 하는데 그것을 못 한다며 안타까워했다. 그래서 내 어릴 때부터 붓으로 신문지 위에 글씨를 쓰게 시켰다. 명필은 못되지만 그나마 악필을 면한 것은 그때 교육 덕분이다.

아버지는 평생 양복을 몸에 걸쳐본 적이 없다. 언제나 한복 두루마기에 지팡이를 짚고 머리에는 중절모를 쓴 '의관 정제' 복장으로만 다닌다. 집 대문 앞을 잠깐 나섰다 돌아올 때도 반드시 두루마기를 입고 나갔다. 그런 복장을 보면서 '두루마기에 중절모'가 얼마나 웃기는 부조화냐 하며 비웃는 사람도 있다.

하지만 나는 갓 대신 중절모라도 택하지 않으면 안 되었던 아버지 세대의 슬픔이 떠올라 차마 그러지 못한다. 아버지는 2006년 6월 13일 오전 10시 돌아가셨다. 향년 88세. 선산에 모셨다. 모신 후 주변에 감사의 편지를 보냈다.

"아버님 상(喪) 당했을 때 베풀어주신 따뜻한 마음에 뭐라고 감사드려야 할지 모르겠습니다. 위로해 주신 마음 평생 잊지 못할 것입니다. 어머님 가신 지 1년 반 만에 아버님까지 가시면서 애통함 속에 빠져 있던 제게 큰 힘이 되었습니다. 감사합니다. 조상님들 선영에 잘 모셨습니다.

내내 고단한 삶을 사셨던 아버님께서는 가끔 '살아 영화

유림장으로 치러진 아버지 장례식

1993년 대전과학박람회 관람

1996년 중국 만리장성

(榮華)는 바라지 않는다. 다만 내 죽거든 장사는 제대로 지내 달라.'고 하셨습니다. 무심히 지나가듯 하시는 그 말의 함축을 아는 제게는 가슴에 대못처럼 박혀 있었는데 이번에 그 못은 빠졌는가 싶습니다.

많은 조문객이 찾으셨고 진주 생기고 가장 꽃이 많았다는 이야기를 들었습니다. 저는 겉으로 드러내고 화려하게 꾸미는 것을 좋아하지 않지만, 솔직히 이번에는 좋았습니다. 마지막 길이나마 꽃을 밟고 가셨다 싶으니 그나마 견딜 만합니다.

장례는 유림장(儒林葬)으로 치러졌습니다. 유림 75분이 모이셨는데, 근래 가장 많이 모였다고 했습니다. 유림장은 개좌(開座, 국회 본회의 비슷합니다)를 열어 돌아가신 분의 행적을 살펴 칭호를 부여하는데 아버님께는 거사(居士)가 부여됐습니다."

내가 쓴 행장(行狀)을 첨부했다. 행장은 돌아가신 분의 행적을 쓴 글이다.

"화순최씨 수우당파 12대 종손 준열은 1918년 경남 산청에서 났다. 13세에 아버지를 잃고 어머니 두 동생과 함께 이

웃과 친척 집을 전전했다. 평생 근면했으나 가난했다. 새벽 4시 전에 일어나고 잠자리 들기 전까지는 눕지 않았다. 4남 2녀를 두었다. 천성이 맑고 깨끗했다. 말을 하면 어기는 법이 없었다. 특히 남에게 폐 끼치기를 싫어했다. 준수한 용모에 기운이 세었으며 자신의 역량에 대해 한없는 자부심을 느꼈다. 하지만 가난과 배우지 못한 것 등으로 스스로 한계를 긋고 자신을 드러내지 않은 채 감내하며 살았다. 가문 부활과 아들 교육에 힘을 쏟았다. 뜨거운 불덩어리를 얼음으로 싸고 살았다 하겠다. 6월 16일 열린 유림 개좌에서 '살림이 어려워 많이 배우지는 못했지만, 그 실천과 행동은 청풍고절을 지켰다. 수우당과 다를 것이 없을 정도로 철저한 바 있었다.'고 평가됐다."

2
조선왕조의 공화주의자

임금이 살해당하고 나라가 뒤집히는 일은 늘 있었다. 수천 년간 그것은 거칠고 위험한 백성 탓이라고 했다. 남명은 그것이 아니라고 했다. 그렇다면 누구 탓이란 말인가. 임금 본인 탓이라고 했다. 위민(爲民) 애민(愛民)을 넘어 주권 재민(在民)의 맹아를 보는 느낌이다.

대학졸업

하던 해 언론사에 취직해 17년간 기자로 일하고, 이후 8년은 국회의원으로 일했다. 국회의원 때 했던 모든 공식 발언은 내가 직접 글로 써서 읽었다. 즉흥적으로 발언한 적은 없다. 쓰지 않고 그냥 말로 하면 아무리 신경 써도 중언부언하게 되고 군더더기가 붙을 수밖에 없다. 기자로 쓴 기사나 국회의원으로 한 발언은 전 국민을 상대로 하고 역사에 영원히 기록되는 공적인 것이라고 생각했다. 허투루 하는 것은 국민과 역사에 대한 예의가 아니라고 생각했다.

기자 되기 전에도 글을 썼다. 초등학교 때부터 백일장에 불려 다녔다. 백일장에서는 주로 시를 써야 했는데 고등학교 졸업 때까지 1등인 장원을 해 본 적이 없으니 문학적인 소양은 별로 없었다고 해야겠다. 문학 동아리에서 시를 썼던 아내가 내 편지를 보고 만나기 시작해 결혼까지 한 것을 보면 연애편지 같은 실용문부터는 괜찮았던 모양이다. 그러니까 내 인생은 글을 쓰면서 살아온 셈이다.

정치를 전공하고 정치부 기자를 하고 국회의원을 했다. 정치를 공부하고 정치를 관찰하고 정치를 직업으로 가졌으니 한평생 정치와 관련된 일을 하며 살았다.

글이 그릇이라면 그릇에 담는 내용물은 정치였다. 요즘 말로 하면 글쓰기가 하드웨어라면 콘텐츠는 정치였던 것이다. 그래서 글과 정치에 대해서는 나름대로 하나의 견해를 가지고 살아가고 있다.

남명이 남긴 글은 전부 다 여러 번 읽었다. 남명의 글에 대한 내 결론은 시간을 뛰어넘는 글이라는 것이다. 남명이 살던 그 시절에만 맞았던 것이 아니라 오늘도 맞고 내일도 맞다는 것이다.

남명이 임금에게 올린 모든 상소는 사람 이름과 사건 이름만 바꾸면 지금 당장 썼다고 해도 되는 대문장이고 명칼럼이다. 그런 글을 쓰는 사람은 동서고금을 통틀어 드물다.

하물며 남명이 살던 시대는 지금과 완전히 다른 세상이다. 그때는 나라에 주인이 있던 왕국(kingdom)이었다. 왕이 자기 물건을 마음대로 처분할 수 있는 것처럼 사람도 예외가 아니었다. 지금은 나라의 주인이 국민인 공화국(republic)이다.

기자 시절 나름대로는 글을 쓴다고 자부했다. 대통령 될 가능성이 크다고 평가되던 정치인을 담당하면서 '폼생폼사(폼에 살고 폼에 죽는다)'라고 쓰고 대통령과 이인자가 회동하면서 아무도 없이 두 사람만 독대하는 것을 보고 왕에 대해 '옥근삼타(玉根三打, 소변을 보시고 세 번 터시다)'라는 말까지 남길 정도로 권력자의 일거수일투족을 관찰하고 기록으로 남긴 나라에서 이게 무슨 짓이냐고 썼다.

국회의원 때도 할 말은 했다. 초선 1년 차 야당 의원 시절 정기국회 본회의 대정부질문에서 대통령에 대해 간접적으로 '무식하다 꼴통이다'라고 표현해 헌정사상 처음으로 의장이 마이크를 꺼버리는 일이 있었다. 그러나 남명의 글을 읽고 나서는 내가 쓴 글, 내가 한 발언들은 새 발의 피도 아니구나 했다.

남명의 글은 왕조시대만이 아니라 민주 시대에도 쓰기 힘든 글이다. 나라가 있고 그 나라를 통치하는 살아있는 권력 서열 1위를 정면으로 비판하는 것은 왕조시대만 아니라 어느 시대나 어려운 일이다. 그것도 사돈 남 말하듯 하는 방식이 아니라 직접 편지를 보내 이인칭으로 호칭하면서 그렇게 하는 것은 앞으로 아무리 더 민주화가 되어도 어려운 일이다.

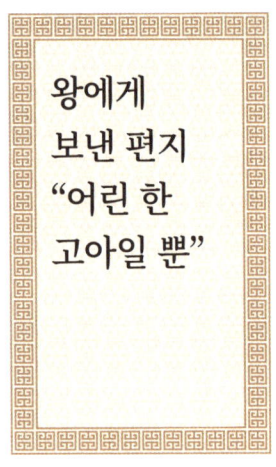

왕에게
보낸 편지
"어린 한
고아일 뿐"

    1555년에 쓴 단성소는 남명의 대표작이다. 명종은 그해 10월 11일 남명에게 단성현감을 제수했다. 실록에는 그날 남치근을 전라도 병마절도사로, 조식을 단성현감으로 삼았다고 돼 있다. 남치근은 그해 5월 을묘왜변에서 왜구를 물리친 공을 인정받아 승진했는데 함께 임명된 것이다.

    남명에게는 중종 때부터 선조에 이르기까지 4명의 왕이 13번 벼슬을 내렸다. 명종 때는 더했다. 1553년 1년 동안 무려 3번 벼슬을 내렸다. 퇴계 이황 선생(1501~1571)이 보다 못해 벼슬할 것을 권유하는 간곡한 편지를 보낸 것이 이때다. 남명은 한번도 응하지 않았다.

문정왕후와 동생 윤원형이 자신들의 악정을 호도하기 위해 초야의 깨끗한 선비를 등용한다는 명분을 세우려고 그런다는 사실을 잘 알고 있던 남명은 이때도 대꾸도 안 했다. 조정의 누군가가 아이디어를 냈다. 한양이 너무 멀어서 안 받는 것 같으니 가까운 곳의 지방 관직을 주면 받을 것 아니냐, 하여 당시 남명이 살고 있던 합천 인근에 있는 단성현감 자리를 주었다.

남명의 상소가 임금 앞에 올라온 것은 11월 19일이다. 을묘년에 사직하면서 올린 상소라고 을묘사직소, 줄여서 단성소라고도 한다. 남명이 역사에 본격 등장하는 데뷔작이다. 데뷔작이 불후의 걸작이 된 대표적인 사례. 일부 인용해 보자.

"전하가 하는 일들은 이미 틀렸고, 나라의 근본은 이미 망했고, 하늘의 뜻은 이미 떠나버렸고, 민심은 이미 이반되어 버렸습니다. 비유하면 큰 고목이 있는데 백 년 동안 벌레가 속을 파먹어 진액이 말라버린 것과 같습니다. 폭풍이 오면 언제 쓰러질지 모를 만큼 위태로운데 이 지경에 이른 지는 이미 오래됐습니다. 그런데 사람들은 회오리바람과 사나운 비가 언제 닥칠지 까맣게 잊고 지냅니다.

하급 관리들은 낮은 자리에서 시시덕거리며 술과 여색이나 즐기고 있고 고관들은 윗자리에서 빈둥거리며 뇌물을 받아 재산 긁어모으기에만 여념이 없습니다. 지방관들의 백성 벗겨 먹기가 마치 여우가 들판에서 날뛰는 것 같습니다.

전하의 어머니인 대비 문정왕후는 깊은 궁중의 한 과부에 불과하고, 전하는 돌아가신 임금의 한 고아에 지나지 않습니다. 백 가지 천 가지 내리는 하늘의 재앙을 어떻게 감당하며 만 갈래로 흩어진 민심을 어떻게 수습하겠습니까. 강과 시내는 마르고 좁쌀 같은 우박이 비처럼 쏟아져 내리고 있으니 하늘의 재앙은 이미 징조를 보였습니다. 음악 소리가 슬프고 사람들이 흰옷을 즐겨 입으니 이미 그 조짐이 드러난 것입니다.

전하는 불교를 몹시 좋아하시나 봅니다. 만약 불교를 좋아하는 그 마음을 학문을 좋아하는 데로 옮긴다면 마치 어린아이가 부모를 잃어버렸다가 집으로 돌아와 부모, 친척, 형제, 친구를 다시 만난 것과 같을 것입니다. 사람을 쓸 때 눈으로만 보고 쓴다면 잠자리에서 모시는 사람 외에는 모두 전하를 속이고 저버리는 무리가 될 것입니다."

과부, 고아, 망했다 같은 직설 표현은 그 말 한마디로도 목이 열 개라도 모자랄 정도의 극언이었다. 연산군 때, 초패왕 항우가 죽인 초나라 의제를 애도한 '조의제문' 하나를 갖고도 온갖 억지와 추론을 거듭해 많은 사람을 죽인 무오사화가 그리 오래된 일도 아니었다.

국방과 관련 세종, 성종과 비교하는 대목도 있는데, 그렇지 않아도 어머니와 외삼촌에 눌려 기를 못 펴고 사는 자신의 자존심을 완전히 짓밟는 것이었다. 당시 명종은 임기 10년 차로 나이는 21세. 제대로 임금 노릇도 못 하고 신하들 앞에서 몹시 창피했을 것이다. 그런데 일개 시골 선비가 감히 이런 편지를 보낸 것이다. 그것도 자신이 1년에 세 번씩 벼슬을 내릴 정도로 호의를 베풀었는데 이럴 수가 있다는 말인가. 청년 임금은 극도로 흥분했다.

"이 자는 임금과 신하 사이의 의리를 모르는 듯하니 지극히 한심한 일이다. 승정원(대통령 비서실)에서 이런 상소를 미리 보았으면 통분해하며 벌을 주자고 청했어야 마땅

조선왕조의 공화주의자

하다. 그런데 한마디 말도 하지 않고 내게까지 올라오게 했으니 더욱 한심한 일이다. 이런 자를 천거했단 말인가. 신하로서 어찌 임금을 모욕하는 말을 할 수 있단 말인가. 뇌물을 받고 벼슬을 주는 것이 아름다운 일은 아니지만, 옛날에도 있었다. 이는 백성의 목숨을 귀하게 여기기 때문에 하는 것이다. 수많은 백성이 굶어 죽어 구렁텅이에 나뒹구는 것을 보기만 하면서 구원하지 않아서야 되겠는가. 또 나를 부처를 좋아하는 사람이라고 했는데 내가 어

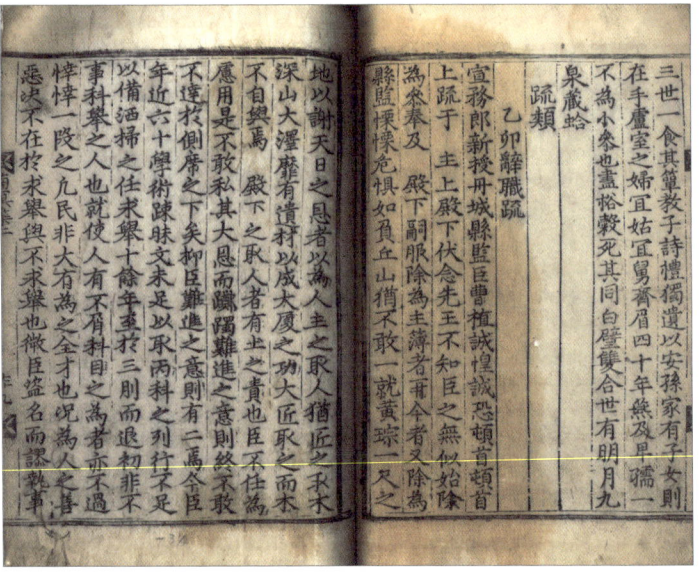

을묘사직소

찌 불교를 좋아하고 숭상하는데 이르렀겠는가. 내게 대한 말은 받아들일 수 있지만 어머니에게까지 공손하지 못한 말을 하는 것은 통탄하고 분개할 일이다."

흥분 속에서도 자기변명은 하고 있다. 뇌물은 빈민구제를 위해 부득이하게 받는 것이고 불교를 좋아하는 것은 어머니이지 자신은 아니라는 것이다. 불교에 대해 왜 이토록 예민하게 반응하는 것일까.

남명이 단성소에서 "위로 천리(天理)를 통달하는 데는 유교와 불교가 한가지"라고 쓴 데 대해 사관은 "조식의 이 말은 잘못이다. 불교의 학설에 어찌 위로 천리에 통달하는 것이 있겠는가"라고 반박했다. 조선왕조실록에서 남명에 관해 칭찬하지 않은 거의 유일한 대목이다. 어떤 젊은 유학자는 절에서 공부하다가 서산대사가 지은 '삼가귀감'과 사천왕상을 불태워버리기도 했다. 유교 국가 조선에서 불교가 이런 대우를 받고 있었는데, 임금인 자신에게 불교를 좋아한다고 한 것을 흘려버릴 수 없었던 것이다.

뒤끝 작렬도 있다. "내 부덕을 헤아리지 못하고 작은 고을에 큰 인물을 굽히게 하려 했으니 이는 내가 영민하지 못한 탓"

조선왕조의 공화주의자

이라며 단성현감직을 회수하라고 했다. 이 말을 들은 사관은 '참으로 왕으로서 할 말이 아니고 옛날 제왕에게 비하면 참으로 부끄럽다'라고 논평을 달았다.

그래도 분이 풀리지 않았던 모양이다. 다시 전교하기를 "상소 내용 중 '궁중의 한 과부에 불과하다'라는 말은 공손하지 못한 말이다. 또 '전하의 신하 되기가 또한 어렵지 않겠나'라고 한 말도 공손하지 못한 말이다. 그리고 '음악 소리가 슬프고 사람들이 흰옷을 즐겨 입으니 소리와 형상에서 이미 그 조짐이 드러난 것이다'라고 했는데 이것이 바로 불길한 말이다."라고 했다. 남명에게 벌을 주라는 강력한 암시이다.

그때나 지금이나 비서들의 처신은 비슷한 모양이다. 승지들은 임금의 말에 맞장구치고 비위를 맞추면서 슬쩍 책임을 경상감사에게 떠넘겼다. 상소의 내용은 미리 알았지만 "경상감사가 접수해 올려보냈기 때문에 보고하지 않을 수 없었다. 다만 그런 대목이 있다는 것을 함께 아뢰어야 했는데 '초야에 있는 사람이 거칠고 망령된 말을 한 것이니 따질 것도 못 된다'라고 잘못 판단해 아뢰지 않았다. 전교를 받고 보니 황공한 마음 금할 수 없어 죄를 기다린다."라고 했다.

명종은 옳다구나 하고 이 말을 받아 경상감사가 상소를 거부하거나 받았다면 이런 좋지 않은 내용이 있다는 주석을 달아 올렸어야 했는데, 그러지 않은 데서부터 문제가 생겼으니 승지(비서)들은 죄가 없다고 용서했다. 그 임금에 그 비서다.

논란은 다음 날 계속된다. 첫날은 명종의 화풀이와 비서들의 맞장구만 있었다. 다음날 남명의 상소와 임금의 반응, 승정원의 움직임이 알려지자 신하들이 반론을 제기했다. 그 어둠의 시대에도 훌륭한 신하들은 있었다. 홍문관 전한 정종영은 임금에게 이렇게 말했다.

"옛날 제왕은 초야에 숨어 사는 선비를 대우하는 것이 특별했습니다. 거칠고 촌스러운 태도를 책망하지 않고 그가 벼슬을 버리고 물러나 있는 뜻을 귀하게 여겼습니다. 조식의 상소를 책망한 것을 보고 지방의 선비들은 상소하는 말이 공손치 못한 것은 모르고 전하께서 선비를 대우하는 도리가 옛날 제왕 같지 않다고 여길 것입니다. 조식의 상소가 이와 같은 것은 국가의 복입니다."

정언 이헌국은 이렇게 말했다.

"전하께서 직언하는 길을 열고 선비를 장려한다고 했는데 이와 같은 일이 일어난 것은 역대로 드문 일입니다. 훗날 찬탈

하는 화가 닥치더라도 누가 기꺼이 말을 하겠습니까. 과부라는 말을 공손치 못하다고 여기지만 옛날 구양수가 황태후를 '한 사람의 부인'이라고 했지만 벌하지 않았습니다. 조식은 나라가 날로 그릇되어 가는 것을 보고서 주상께서 위에서 고립되어 백성의 실정을 들을 수 없을까 염려되어 자신이 벼슬을 하더라도 어떻게 할 수 없다고 여겼기 때문에 전하의 신하 되기 어렵다고 한 것이지 전하를 업신여겨 한 말이 아닙니다. 국가의 은혜 속에서 살아가고 은혜 속에서 죽는데도 오히려 말을 하지 않으려 하는데 조식은 초야의 일개 선비로 목숨을 잃을지라도 후회하지 않을 각오로 이런 말을 했습니다. 이런 말에 대해 전하께서 항상 두려워하는 생각을 추가하신다면 국가의 복이 아닐 수 없습니다."

이헌국은 승정원에 대해서는 강력하게 비판했다.

"승정원은 왕명의 출납을 진실하게 해야 합니다. 전하의 말씀을 공손히 받드는 일만 직분으로 여겨서는 안 됩니다. 전하의 전교를 받아도 상소는 먼저 내는 것이 옳다고 해야 했는데 감사에게 죄를 돌려버렸습니다. 이 뒤로는 감사가 상소를 받아들이지 않아 실정이 위로 전달되지 않을 것입니다. 말 한 마디가 나라를 일으킬 수도 있고 잃게 할 수도 있습니다. 승정원이 잘못해 후세에 전해져 아름답지 않게 됐습니다."

역사는 이헌국의 말대로 되었다. 그러나 명종은 끝까지 마음을 풀지 않았다.

"아무리 시골 선비라도 군신 간의 의리를 모르면 어찌 현명한 사람이라고 하겠나. 상소가 공손하지 못하면 신하는 마땅히 처벌을 청해야 한다. 상소가 옳다고 하는 말도 잘못된 것이다. 하지만 조식을 숨은 선비로 여기기 때문에 너그러이 용납하고 죄를 다스리지는 않겠다."

사관은 이때의 명종에 대해 말을 그렇게 했지만 '대단히 노여워했기 때문에 안색이 온화하지 않았고 음성도 평온하지 않았다'라고 썼다.

이 한 장의 상소는 나라를 뒤흔들었다. 남명의 명성은 일거에 전국으로 퍼졌다.

1565년 문정왕후가 죽었다. 그래도 윤원형은 영의정 자리를 유지하고 있었다. 신하들은 눈치만 살폈다. 20년 동안 절대권력에 휘둘려온 조정의 꼴이 그랬다. 하는 수 없이 명종이 나섰다. 어느 날 신하들에게 한나라 문제가 권력을 전횡하던 외삼촌 박소를 죽인 일이 옳은지 그른지 물었다. 그제야 감을 잡은 신하들이 벌떼같이 일어나 윤원형을 탄핵했다. 윤원형은 파주 고양 등을 전전하며 살았다. 원한을 품은 사람들이 윤원형의 집으로 돌을 던지고 화살을 쏘았다. 정난정이 자살하고 윤원형은 시름시름 앓다가 죽었다. 문정왕후가 죽고 7개월 만의 일이다.

명종이 11세에 즉위하자마자 을사사화를 일으키면서 시작된 공포의 정권 어둠의 시대가 20년 만에 막을 내린 것이다. 명종은 내심 환호작약했던 것 같다. 임금은 되었으나 무서운 어머니와 겁나는 외삼촌 때문에 숨도 제대로 못 쉬고 살던 시절은 막을 내렸다. 이제 제대로 한번 해봐야겠다고 결심했다. 남명을 초빙하기로 했다.

애증은 교차하는 법이다. 사랑이 미움 되고 미움이 사랑이 된다. 처음 단성소를 받아들었을 때는 죽이고 싶을 정도로 미워했으나 시간이 흐르면서 미움은 사라졌다. 대체 어떤 사람이기에 임금인 나에게 편지를 보내 그렇게 지독하게 퍼부을 수 있었을까, 존경하는 마음이 생겼다. 어머니와 외삼촌 때문에 참고 있었지만 이제 눈치를 볼 사람도 없어졌다. 하루빨리 남명을 만나보고 싶었다.

남명에게 빨리 한양에 올라오라고 채근했다. 아파서 못 온다고 하자 약도 지어 보내고 음식도 보내고 벼슬도 내렸다. 날이 서늘해지면 편한 날로 잡아 올라오라고 배려하면서 감사에게 역마로 모시라고 했다. 요즘으로 치면 의전용 차량까지 보내 모시라고 한 것이다.

    1566년 10월 7일 마침내 남명이 궁궐로 들어가 사정전에서 명종을 만났다. 단성소를 받은 것이 1555년 11월이니 11년 만의 일이고, 글이 아니라 직접 대면하는 것은 처음이다. 임금은 32세, 남명은 65세였다. 벼슬을 내려도 안 받고, 보자고 해도 안 오던 남명이 마침내 눈앞에 있으니 얼마나 흥분되고 기대되었을까.

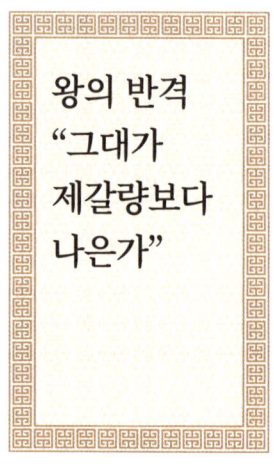

왕의 반격 "그대가 제갈량보다 나은가"

　명종은 여러 가지를 한꺼번에 물었다. "고금의 치란(治亂)과 세도의 청탁(淸濁)과 나라를 다스리는 도와 학문을 하는 방법, 가언(嘉言)과 선정(善政)에 대해 듣고 싶다."라고 했다. 남명은 "그런 것은 책에 다 나오는 것이니 신이 아뢰지 않더라도 어찌 모르시겠습니까. 제가 아뢰고자 하는 것은 별도로 다른 것이 있습니다."라고 답했고 명종은 "하고 싶은 대로 말하라."라고 허락했다.

　남명은 "수십 년 이래 내 눈으로 직접 본 것은 사람들이 물에 휩쓸려가듯 뿔뿔이 흩어져 마을이 텅 비어버린 것입니다.

이에 대한 대책은 마치 집에 불이 난 것처럼 서둘러야 합니다. 지금은 여러 사람이 함께 불을 끄려고 애를 써도 불을 끄지 못할 수 있는 상황입니다."라고 했다.

남명의 '책에 다 나온다'라는 말이 신경이 쓰였던지 명종은 비록 책에 나온다고 해도 말해보라고 전제하면서 "임금이 어두워 신하가 아첨하던 일은 어느 시대에 있었는가."라고 물었다.

남명은 "임금이 현명하면 신하는 정직하고 임금이 혼미하면 신하는 아첨합니다. 이것은 자연의 이치입니다."라고 한 뒤 "정치는 내실에서 환관이나 처첩들과 함께 할 수 없고 반드시 올바른 선비와 함께해야 합니다."라고 했다.

명종은 이어 제갈량의 삼고초려에 대해서도 물었다. 아무리 벼슬을 내리면서 불러도 나오지 않은 데 대한 힐난도 섞여 있었을 것이고, 나오지 않은 이유가 궁금하기도 했을 것이다. 달리 직업이 없던 시절 벼슬 한자리하기 위해 누구나 목을 매던 시절에 그렇게 벼슬을 안 하는 사람은 대체 어떻게 생긴 사람인가.

남명은 한동안 대답하지 않다가 "제갈량은 영웅이고 일을 요량하지 못하는 사람은 아니지만, 유비와 함께 한나라의 부흥을 꾀한 것이 거의 30년이나 됩니다. 그토록 오랜 세월 애썼지만, 천하를 회복할 수 없었습니다."라고 답했다. 제갈량의 출사가 옳은 일이 아니었다고 한 것이다.

남명은 사은숙배도 하지 않고 물러났다. 12일에는 덕산으로 내려가 버렸다. 기대가 없지는 않았으나 실망했다. 남명이 떠날 때는 한강 변에 구름 같은 인파가 몰렸다. 이별이 아쉬워 강을 같이 건너겠다는 사람들이 하도 많아 배 두 척을 가득 채웠다. 한양에 머무를 때도 만나려는 사람으로 문전성시를 이루었으나 남명은 사절했다.

문정왕후가 죽고 2년이 지난 1567년 6월 아들 명종이 죽었다. 33세의 팔팔한 나이에 갑자기 죽었다. 왜 죽었을까. 의학 지식은 없지만, 지금까지 나름대로 삶을 살아낸 사람의 '인생 지식'으로 명종의 불쌍하고 불행했을 한평생이 짐작은 간다. 11세에 소년 왕이 되었으나 모진 사람 잘못 만나 평생 움츠린 채 극도의 스트레스 속에 살다가 그 사람들이 다 없어지자 기세 한번 제대로 올려보려다가 그렇게 되지 않았을까 싶다.

15세 소년 선조가 즉위했다. 동갑 곽재우는 같은 해 남명을 찾아 제자가 되었다.

선조는 명종의 이복동생 하성군의 아들로 최초의 방계승

통이다. 게다가 3남이라 즉위할 때까지 임금이 될 것이라고는 한 번도 생각해 본 적이 없었다. 그만큼 의욕이 넘쳤다. 제일 먼저 한 일이 남명을 부른 일이다. 7월 3일 즉위해 10월 5일 남명을 불렀다. 천 리 먼 길 덕산까지 고위 관리를 직접 파견했다. 그 정도로 파격적으로 대우한 것이다.

선조는 초청하면서 보낸 교지에서 그 전해 명종과의 만남을 거론하며 "내가 어린 나이에 왕위를 이어 여러 가지로 어려운 일이 많으니 경은 한번 나와서 나에게 도를 듣도록 해달라."고 부탁했다. 남명은 거절하면서도 "정승의 직책은 사람을 쓰는 일이 가장 중요한데 지금 정승은 선악을 말하지도 못하고 옳고 그름을 구분하지도 못합니다."라고 나랏일을 걱정했다. 선조는 그다음 달 다시 교지를 내려 "어진 이를 만나고 싶은 마음이 날로 간절하다. 빠르거나 늦거나 구애받지 말고 날씨가 따뜻해지면 천천히 올라오라."고 부탁했다.

남명은 가는 대신 상소문을 올렸다. 자신의 늙은 몸뚱이 대신 '구급(救急)'이라는 두 글자를 바친다면서 이렇게 썼다.

"나라의 근본이 무너져 물이 끓는 듯하고 불이 타는 듯합니다. 나라의 기강은 씻은 듯 없어지고 원기는 피폐해졌습니다. 예의는 쓸어버린 듯 사라지고 법과 형벌에는 아무 원칙이 없습니다. 선비들의 기풍은 온통 무너지고 공정한 도덕은 모두 허물어졌습니다. 인사는 혼란할 대로 혼란해지고 나라의 창고는 텅텅 비었습니다. 제사의 법도는 문란해졌고 나라의 방비는 허술해졌습니다. 뇌물을 주고받는 일이 극한에 이르고 온갖 수탈을 자행해 백성들은 억울하기 짝이 없습니다. 낭비와 사치는 극에 달하고 호화로운 음식도 극에 달했습니다. 올바른 건의는 받아들여지지 않고 오랑캐들은 우리를 업신여깁니다. 이런 위급한 일은 팽개쳐 두고 구제하지도 않으면서 헛된 이름만 구해 번지르르한 말을 꾸며대려고 합니다. 산야에 버려진 신을 찾음으로써 어진 이를 구한다는 명분을 얻고자 합니까. 들러리로 쓰려고 하는 것은 아니신지요."

이듬해 1568년 다시 불렀으나 역시 가지 않고 또 상소를 올렸다. 이번에는 작심하고 썼다. 중간에 누가 보지 못하도록 주머니에 넣어 봉함해 올리는 상소를 봉사(封事)라고 하는데 무진년에 올렸다고 무진 봉사다. 하급 관원들이 나라를 망친다는 내용 때문에 '서리망국론'으로도 불린다.

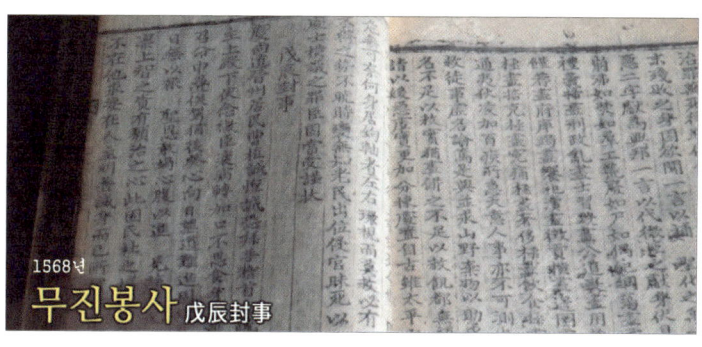

1568년
무진봉사 戊辰封事

"옛날부터 권신이나 외척이 나라를 전횡하는 일은 언제나 있었습니다. 여인이나 내시가 나라를 쥐고 흔들었던 일도 종종 있었습니다. 그러나 지금처럼 서리(胥吏, 관청에서 말단 행정업무를 취급하던 하급 관원으로 아전이라고도 함)가 나라를 제멋대로 했던 경우는 듣지 못했습니다. 나라의 중요한 기무가 모두 아전의 손에서 나옵니다. 세금으로 바치는 베나 곡식도 아전에게 뇌물을 더 얹지 않으면 통하지 않습니다. 아전들은 각자 맡은 고을을 자신의 소유물로 생각해 권리문서로 만들어 자손들에게 물려주기까지 합니다. 온 가족이 가산을 팔아 아전들에게 뇌물을 바치는데 백배 정도로 많이 바치지 않으면 아전들이 받지를 않습니다. 계속 바칠 수 없어 도망가는 사람이 속출합니다. 전하가 다스리는 나라의 재산이 아전들의 도둑질에 쓰여서야 하겠습니까. 망한 나라도 이런 적이 없었습니다. 임금 바로 아래 도적이 가득 차 있고 나라는 텅텅 비어 껍데기만 끌어안고 있습니다.

좀도둑이 있다면 잡아 죽이는 데 하루도 걸리지 않을 것입니다. 그런데 지금은 아전들이 도적이고 여러 관원이 무리를 이루어 나라의 심장을 차지하고 혈맥을 망치고 있습니다. 관원들은 아전들에게 묻지도 따지지도 못합니다. 혹 하려고 하면 아전들의 농간 때문에 견책받거나 파면을 당하고 맙니다. 팔짱을 끼고 녹이나 받으며 아전들의 비위나 맞출 뿐입니다. 아전들과 한통속이 되어 뒤를 봐주고 있는 관원들은 어떤 사람들일까요. 윤원형 같은 자도 옳게 처벌했는데 이따위 여우나 쥐새끼 같은 아전들이야 형틀에 피를 묻힐 것도 없습니다.

벼슬하는 사람 중에는 훌륭한 재상감도, 부지런히 일하는 인재들도 많습니다. 하지만 간신들은 이런 사람들은 제거하면서 간사한 아전들이 나라를 좀먹고 있는 것은 용납하니 자기 일신을 위해 일하는 것이지 나라를 위한 것이 아닙니다."

그러면서 지난해 올린 상소를 언급한다.

"전날 구급이라는 말을 올렸으나 아직 급하게 서두른다는 말을 듣지 못했습니다. 전하께서는 늙은 선비가 강직한 체 하려고 해 보는 소리일 뿐이니 생각해 볼 것도 없다고 생각하고 계신 듯합니다. 지금 나라의 사정은 그 상소 올릴 때보다 훨씬 급박합니다. 전하가 어떤 임금인지 모르겠습니다. 신이 한 말을 좋아하지 않으면서 신을 만나려고만 한다면 헛일을 하는 것입니다."

조선시대 과거시험은 경전과 시문이다. 그래서 애초 실무에 어두웠던 데다 매관매직이 성행해 인사이동이 너무 잦았다. 일부 예외를 제외하면 부임한 관리는 위에 바친 뇌물의 본전을 뽑아야 하고, 그러자면 아전의 조력이 필수적이었다.

이런 상황 속에서 실무능력을 갖춘 아전들은 자기 마음대로 백성들을 수탈했고, 도저히 살아갈 길이 없는 백성들은 고향을 떠나 유랑 걸식하거나 도적이 될 수밖에 없었다. 1562년 남치근에게 붙잡힌 도적 임꺽정이 처형당하자 남명은 눈물을 흘렸다고 한다. 도적이 불쌍한 것이 아니라 그렇게 내몰릴 수밖에 없었던 백성들의 신세가 불쌍해서였다.

이처럼 남명은 조선시대 부정부패의 사슬을 구조적으로 파악하고 있었다. 백성들의 고달픈 인생에 대해 눈물을 흘리며 아파하고 관찰했기 때문이다. 나라가 어렵다고 말하는 사람은 많았지만 왜 그런지 원인을 찾아 해결책을 제시한 사람은 남명밖에 없었다. 그래서 이후 나라에 어려운 일만 생기면 어김없이 남명의 이 상소가 거론됐다.

율곡 이이는 장문의 상소인 만언소에서 "백성들의 고혈은 서리의 손에서 거의 말라버렸다. 일찍이 조식이 말하기를 '우리나라는 서리 때문에 망할 것이라고 했는데 지나치기는 하지만 일리가 있다."라고 말했다. 무신 사태로 남명에 대해 감정이 좋지 않았을 영조마저 신하들에게 "지금 선비 중 어찌 옛날 조식 같은 사람을 얻을 수 있겠는가. 그런 사람이 없는 것을 한스럽게 여긴다."라고 할 정도였다. 나라 망하던 고종 때까지 그랬다.

부(賦)라는 장르의 글이 있다. 소동파의 적벽부 할 때의 그 부다. 한문학의 한 장르로 운문과 산문의 중간이다. 지식은 물론 시와 문장력 등 여러 가지 능력을 한꺼번에 볼 수 있어 조선시대 과거에 자주 출제됐던 문장 형식이다.

남명이 쓴 부는 원천부(源泉賦) 민암부(民巖賦) 군법행주부(軍法行酒賦) 3건이 있다. 그중 민암부는 읽을 때마다 탄복한다. 그 시대에 어떻게 이런 글을 지을 수 있었을까.

남명이 살던 시대는 어두운 시대였다. 연산군, 중종, 명종, 선조 등 잇따라 등장한 왕들은 약속이나 한 듯 왕 노릇을 지독하게 했다. 임금 본인의 변덕, 처첩들이 소곤대는 소리, 측근들의 시기 질투 등으로 지식인들이 떼죽음을 당했다. 무오사화, 갑자사화, 기묘사화, 을사사화 등 4대 사화의 시대였다.

민암부는 중종 때인 1534년 문과 시험 문제로 출제됐다. 남명이 그 과거에 응시했기 때문에 그때 썼을 것으로 추정된다. 일부 내용을 보자.

"백성이 물과 같다는 말은 예로부터 있었다. 백성은 임금을 받들기도 하지만 나라를 엎어버리기도 한다. 원한이 마음속에 있을 때는 한 사람의 생각이라 몹시 미세하고 필부가 하늘에 호소한다 해도 한 사람일 때는 매우 보잘것없다. 그러나 하늘의 보고 들으심은 백성에게 있다. 하늘은 백성이 원하는 것은 반드시 들어주니, 마치 부모가 자식 원하는 것을 들어주는 것과 같다.

(하나라 마지막) 걸왕과 (은나라 마지막) 주왕은 (은나라 창업자) 탕왕과 (주나라 창업자) 무왕에게 망한 것이 아니라 백성의 마음을 얻지 못해서 망한 것이다. 임금을 넘어뜨리고

나라를 엎는 위험함의 근원을 찾아보면 진실로 임금 한 사람에게서 벗어나지 않는다. 한 사람의 불량함으로 말미암아 위험이 가장 커지게 된다."

민암부의 마지막은 이렇게 끝난다. 막왈민암 민불암야(莫曰民巖 民不巖也). 직역하면 '백성을 바위라 하지 말라. 백성은 바위가 아니다.' 무슨 뜻인가.

민암은 유교문화권에서 중요한 정치개념이다. 사서삼경 중 하나인「서경」에 나온다.「서경」은 고대 중국 정치가들의 발언과 행위를 기록한 책이다. 유사 이래 전해 내려온 3,240편 중 공자가 중요하다고 판단한 102편을 추려내 편찬했다고 한다. 지금 우리가 읽고 있는「서경」은 요순부터 춘추시대 진나라 목공(穆公)까지 58편으로 구성돼 있다.

「서경」은 동양 정치학의 바이블이다. 바이블은 해석만 할 뿐 본문 내용은 건드리지 못한다. 2천 년 전에 나온 성경의 경우를 보면 될 것이다. 민암이란 말은 소고(召誥) 편에 나온다. 주나라 2대 성왕의 삼촌인 소공이 조카에게 성군이 되라고 충고하는 중에 왕불감후 용고외민암(王不敢後 用顧畏民巖)이라는 대목이 있다. '왕은 감히 뒤로 미루지 마시고 백성이 바위 같다는 사실을 되돌아보며 두려워하시라.'라는 뜻이다. 바위 같다는 것은 거칠고 위험하다는 뜻이다.

　왕에게 가장 중요한 임무는 자신의 소유물인 나라를 다스리다 후계자에게 그대로 물려주는 것이다. 자기가 가진 물건 중 대부분은 웬만큼 거칠게 다루어도 별 탈이 없지만, 백성은 잘못 다루면 배를 뒤엎는 사나운 물결처럼 나라를 뒤집어엎어 버리기 때문에 특히 잘 다루지 않으면 안 된다는 의미이다. 어린 조카가 자기 집안에서 대대로 물려주어야 할 가족 경영을 망치지나 않을까 걱정하는 삼촌의 지혜가 담긴 조언이다.

　이후 동양에서 민암은 왕에게 가장 중요한 개념이 된다. 후세에 많은 주석이 붙었다. 그중 유명한 것이 소식의 물무험어민자의(物無險於民者矣)로, 세상 만물 중 백성보다 위험한 것은 없다는 뜻이다. 왕조시대에도 세종대왕 같은 성군들이 나와 애민정치도 하고 위민정치도 했다. 그러나 그 애민과 위민의 출발점은 민암이란 개념이다. 백성의 입장에서 백성을 위하고 사랑한 것이 아니라 그렇게 해야 백성들의 주인 노릇을 오랫동안 할 수 있다는 것이다.

　그런데 남명은 백성은 바위가 아니라고 했다. 백성이 바위라는 소리 하지 말라고 했다. 성경의 핵심 구절을 정면으로 뒤엎어버린 것이다. 임금이 살해당하고 나라가 뒤집히는 일은 늘 있었다. 수천 년 동안 그것은 거칠고 위험한 백성 탓이라고 했다. 그런데 남명은 그것이 아니라고 했다. 그렇다면 누구 탓이란 말인가. 남명은 그 바로 앞 문장에다 정답을 써 놓았다. 자아안지 자아위이(自我安之 自我危爾) 나로 말미암아 편안하기도 하고 나로 말미암아 위태로워진다는 것이다. 다 임금 본인 탓이라는 것이다. 남명은 그때 벌써 나라의 주인은 임금이 아니라 백성이라는 생각을 하고 있었던 것 아닌가 싶다. 위민(爲民) 애민(愛民)을 넘어 주권재민(在民)의 맹아를 보는 느낌이다.

이 민암부가 과거 시험장에서 쓴 답안지인지 그때 쓴 글을 기초로 뒤에 완성한 것인지는 확실하지 않다. 임금이 합격을 최종결정하는 시험을 치르는 수험생이, 아무리 남명이라도 이렇게까지 쓸 수 있었을까 하는 의문도 든다. 남명은 불합격했다. 퇴계는 이때 합격해 벼슬길에 나갔다.

민암부를 읽을 때마다 메이지 유신 시기 유럽의 용어를 한자로 번역한 일본 지식인들을 생각하게 된다. 남명이 민암부를 쓸 때보다 300년 훨씬 뒤의 일이다.

우리가 쓰고 있는 철학, 정치학, 사회학 용어는 대부분 메이지 유신 시기 일본 근대화 과정에서 번역됐다. 1949년 중국

공산당이 건국하면서 국호를 지을 때 일본에서 만든 용어를 쓰지 않기 위해 무진 애를 썼다. 그러나 결국 실패하고 중화(中華)라는 고유명사 빼고는 인민(人民) 공화국(共和國) 같은 일제 용어를 쓸 수밖에 없었다. society는 처음에는 회사(會社)로 번역되었다가 앞뒤 순서를 바꾸어 사회(社會)가 됐다. democracy는 민주주의, philosophy는 철학으로 번역됐다.

 democracy나 philosophy 같은 단어는 별로 어렵지 않았다. 어원을 분해하여 그대로 옮기거나 약간 의역하면 됐다. demo가 민중이고 cracy는 다스린다는 뜻이기 때문에 민중이 나라를 다스리는 주인이라는 의미로 민주주의라는 단어를 찾아낼 수 있었다. 좋아한다는 phil과 학문이라는 losophy가 합쳐진 철학은 애지, 혹은 애학으로 직역하지 않고 밝다는 철(哲)자로 살짝 비틀었다. 사랑 애(愛) 자 보다 밝은 철(哲)자가 더 멋있게 보였던 모양이다.

 번역자들을 가장 애먹였던 단어는 republic이었다고 한다. 로마 민주정을 뜻하는 republic은 물건이라는 res와 민중 혹은 대중을 뜻하는 publicus의 합성어로, 직역하면 나라는 민중의 물건이라는 뜻이다.

 생각과 지식은 경험으로부터 나온다. 아무리 천재라도 전혀 경험하지 못한 세계에 대해서는 알 수도 없고, 생각을 전개하기도 힘들다. 허공 위에 건물을 세울 수 없는 것과 같다.

번역자들이 알고 경험한 바에 따르면 유사 이래 나라에 주인이 없었던 적은 없다. 황제나 왕이나 천황이나 어떤 이름으로 불렸든 간에 주인은 있었다. 조선도 중국도 일본도 역사가 시작되고 난 이후에는 나라에 항상 주인이 있었고 주인은 자신의 소유물인 나라를 아들이나 동생에게 상속했다. 남에게 빼앗기면 또 하나의 왕조가 들어서서 같은 일이 반복됐을 뿐이다.

당대의 천재들이 모여 자신만만하게 새로운 말과 새로운 세상을 창조해 나가다가 '주인 없는 나라'를 뜻한다는 republic을 앞에 두고 머리가 하얘진 채 망연자실 서로 멀뚱멀뚱 바라보고 있었을 듯한 역사의 한 장면을 떠올리곤 한다.

누군가 용기를 내어 역사책을 뒤지기 시작했을 것이다. 마침내 찾아냈다. 사마천이 지은 역사서 「사기」에서 기원전 841년부터 828년까지 13년 동안 왕이 없는 시기를 발견한 것이다. 주나라 10대 왕인 여왕이 무장 반란 와중에 도망쳤는데 생사가 확인되지 않았다. 생사가 불분명하니 후계자가 있어도 왕위를 계승할 수가 없다. 왕이 없는 그 13년 동안 두 사람의 실력자가 힘을 합쳐 후계자를 모시고 나라를 다스렸다. 이 특별한 시기의 연호가 공화(共和)로 명명됐다. republic은 공화국으로 번역됐다. 최신, 최고, 최첨단 정치체제의 이름이 2,800여 년 전에 존재했던 체제에서 이름을 따왔다는 사실은 역사의 아이러니 같다.

헌법 1조 1항에 따르면 대한민국은 민주공화국이다. 요즘 현직 대통령에게 하는 것을 보면 그냥 공화국보다 지독한 공화국이라고 해야겠다. 반면, 북한은 할아버지에서 아버지를 거쳐 손자까지 3대째 한 가문이 나라를 세습해 내려오고 있으니 사전적 정의에 따르면 공화국이 아니라 왕국이다.

중국 최초로 천하를 통일한 진나라가 아버지와 아들 2대 15년 만에 망한 것과 비교하면 3대 75년 집권은 대단한 왕조라 할 수 있다. 우리나라 사람들은 공화국이라는 말을 잘 안 쓴다. 그런데 북한 사람들은 공화국이란 말을 자주 쓰는 것으로 알려져 있다. 몰라서 그러는지 알아서 더 그러는지 잘 모르겠다.

3

K 기업가 정신의 뿌리, 남명

"한국경영학회는 1956년에 창설된 우리나라 최초의 경영학 모태학회로서 7,400명의 학자가 대한민국의 기업과 경제발전에 헌신적으로 노력했다. 한국경영학회는 오늘(2018.7.10) 우리나라에서 가장 많은 글로벌 기업인을 배출한 진주를 '대한민국 기업가 정신의 수도'로 선포한다."

한국경영학회는 2018년 7월 10일 진주를 '대한민국 기업가 정신의 수도'로 선포했다. 선언문 중 주요 내용은 이렇다.

"한국경영학회는 1956년에 창설된 우리나라 최초의 경영학 모태 학회로서 7,400명의 학자가 대한민국의 기업과 경제발전에 헌신적으로 노력했다. 그동안 한국경영학회는 학문의 발전은 물론 산학연관이 서로 지혜를 모을 수 있는 장도 만들어 왔다. 그리고 앞으로는 산업전선 기업인들의 자부심을 고취하고, 미래 창업인과 국민에게 새로운 희망을 심어줄 수 있는 중요한 일들을 하고자 한다.

이러한 취지에서 오늘 우리나라에서 가장 많은 글로벌 기업인을 배출한 진주지역을 '대한민국 기업가 정신의 수도'로 선포하고자 한다. 진주는 천 년이 넘는 유서 깊은 역사가 지금도 살아 숨을 쉬는 학문과 문화와 정신의 도시이다. 근대에 와서는 LG, GS, 삼성, 효성 등 우리나라 최고의 기업그룹들의 창업주를 배출하여 창업과 기업가 정신의 산실이라고 하지 않을 수 없다.

진주는 LG/GS그룹의 구인회 회장, 구자경 회장, 허준구 회장, 허신구 회장, 허창수 회장, 허동수 회장, 삼성그룹의 이병철 회장, 효성그룹의 조홍제 회장, 넥센 그룹의 강병중 회장, 대교 그룹의 강영중 회장, 대동공업 김삼락 회장 등 300명이 넘는 우리나라 굴지의 창업기업인을 배출한 가장 대표적인 지역이다. 진주의 지수초등학교는 100년의 역사를 자랑하며 이와 같은 글로벌 기업인들을 길러낸 교육의 전당이 되었다.

대한민국 경제의 새로운 도약을 선도하고, 미래를 이끌어

갈 세대들의 창업정신을 촉진하며, 훌륭한 기업가 정신의 기업인이 높이 평가받을 수 있도록 한국경영학회는 진주를 우리나라 '대한민국 기업가 정신의 수도'로 선포한다."

당시 회장은 이두희 고려대 교수였다. 우리나라 최대 규모 학회답게 회장 선거가 치열했는데 2년 전에 미리 차차기 회장을 뽑는 것이 관행이었다. 2016년 여름 이두희 후보는 선거운동을 위해 진주를 방문해 경영대 교수들을 만났다. 그 자리에는 정대율 경상국립대 교수와 반성식 경남과기대 명예교수도 있었다.

경영학자들이 모인 자리인 만큼 기업이 주요 화제였다. 대화 중 진주 지수면 승산마을에 있는 지수초등학교 한 학교에서 삼성, LG, GS, 효성 등 글로벌 기업 창업자가 배출됐다는 이야기가 나왔다. '한국 정신 문화의 수도'를 내걸고 있는 안동 출신 반성식 교수가 동석해 있었기 때문에 그러면 진주는 '한국 기업가 정신의 수도'로 하면 되겠네 등등 이야기도 나왔다. 신기하고 흥미로운 이야기였다. 이두희 후보는 그 자리에서 진주를 기업가 정신의 수도로 선포하는 것을 공약으로 내걸겠다고 약속했고 회장이 되어 약속을 지켰다.

정대율 교수는 그 2년 전 지수 승산마을을 방문했었다. 권순기 총장 주도로 정기한 당시 부총장, 허권수 한문학과 교수(도서관장) 등 경영학, 남명학 관련 교수 등으로 구성된 일행은 이병철, 구인회, 허만정 등 삼성, LG, GS 창업 세대들이 살던 집과 다니던 학교를 둘러보았다. 기업가 정신과 남명을 연결하는 데는 권순기 총장의 직관이 상당한 역할을 했다.

허성태 당시 지수초등학교 총동창회 부회장이 구인회 회장의 생가와 마을을 안내했다. 그때 지수초등학교는 학생 수가 너무 적어 폐교된 상태였다. 경남도 교육청에서는 학교 용지 매각을 추진하고 있었고 동창회는 이를 막기 위해 백방으로 노력 중이었다.

동창회는 학교 용지 매각 반대 명분으로 그 학교에서 대한민국 대기업 창업주들이 대거 배출됐다는 사실에 착안했다. 그런 역사를 가진 학교를 쉽게 팔아넘기기는 힘들 것으로 판단했고 그 판단은 맞았다. 글로벌 기업인들이 같은 초등학교 동창생이라는 스토리텔링은 힘이 있었다. 이충도 총동창회 사무총장은 그 이야기로 무장해 진주시장 등 관련자들을 만나 열정적으로 설득했다. 노력의 결과 지수초등학교 용지는 진주시로 이관됐고 마침내 K-기업가 정신센터로 거듭났다.

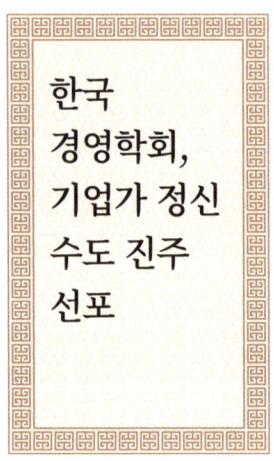

한국 경영학회, 기업가 정신 수도 진주 선포

    글로벌 창업자들 뒤에 남명이 있다는 사실을 제시한 사람은 허권수 교수였다. 학자로는 드물게 후원회까지 두고 있을 정도로 한문학의 대가인 허 교수는 이병철 회장, 조홍제 회장, 구인회 회장 등 세계적인 기업인들의 정신의 뿌리가 남명이라는 사실을 알려주었다. 유력한 선비 가문에 대해서는 족보는 물론 혼맥까지 훤히 꿰고 있는 허 교수는 창업주 대부분이 남명 제자의 후손이라는 사실도 밝혀주었다.
    이것을 경영학으로 연결하는 것은 정대율의 몫이었다. 정 교수는 기업가 정신 수도 선포 당일 '대한민국 기업가 역사관

건립방안'에 대해 주제발표를 했는데 이 내용은 매일경제신문에 대서특필됐다.

기업가 정신 수도 진주 선포에 관한 기사는 '삼성의 인재 제일, LG 인간 존중 뿌리는 영남학파 거두 남명 조식 선생 경의 사상' '삼성, LG, GS, LS, 효성… 600조 기업 일군 창업가들의 요람' '진주 출신 창업주들 기업가 정신은 개척' '글로벌 기업 요람서 자란 진주 인재들… 재계 보석 같은 CEO로 우뚝' 등 머리기사로 지면을 온통 도배했다.

2개월 뒤 9월에는 '남명 사상과 대한민국 기업가 정신'이라는 주제로 기업가 정신 첫 세미나가 열렸고, 10월에는 진주시의 요청으로 대한민국 기업가 정신 수도 기본계획 수립에 착수했다. 정대율 반성식 일행은 정신 문화 수도 안동, 일본 오사카 기업가박물관, 가나가와현 마쓰시타 정경숙 등 국내외 여러 곳을 방문해 벤치마킹했다.

반성식은 1991년 진주 농전 교수로 임용됐다. 백 년 역사를 자랑하는 진주 농전은 이후 진주산업대, 진주과학기술대로 개명을 거듭하다가 지금은 경상국립대와 통합됐다.

퇴계의 본향 출신답게 진주에 도착하자마자 자동으로 남명에 관심을 갖게 됐다. 그는 초등학교에서 출발해 중등학교

교사, 기업을 거쳐 교수가 된 입지전적 인물로 경영, 벤처, 창업 쪽으로 계속 관심 영역을 확장했고 한국창업학회 설립을 주도했다.

2007년 한국창업학회 회장을 맡게 되자 정대율을 총무이사로 영입했고 이후 두 사람은 내내 친밀한 관계를 유지하며 함께 연구와 사업을 수행했다. 지수초등학교와 기업가 정신의 관계에 대해서는 그때부터 본격적으로 관심을 가졌다.

벤처와 창업 전문가로서 그쪽으로 눈길이 간 것은 당연한 일이다. 2013년에는 한국글로벌기업가 정신연구원이라는 세계적인 이름의 단체를 지방 도시 진주에 출범시켰다. 하계백 당시 진주상공회의소 회장 등 상공인들이 아낌없이 지원해주었다.

진주가 기업가 정신의 수도로 선포되자마자 마치 준비하고 있던 것처럼 빠른 속도로 수도에 걸맞은 면모를 갖출 수 있었던 것은 이처럼 오랜 시간에 걸친 숙성의 과정이 있었기 때문이다.

주마가편이라고 했던가. 막 달리기 시작한 말이 질풍같이 질주하도록 만드는 사건이 절묘한 타이밍에 일어났다. 그해 6월 지방선거에서 당선돼 7월 1일 취임한 조규일 진주시장이 바로 남명의 13세손이었다. 조규일 시장은 남명 부활의 견인차 조옥환 회장 친동생의 아들, 그러니까 친조카다.

　기업가 정신 수도 선포를 진주에서 자가 발전하는 식으로 했다면 객관성과 공정성이 떨어져 잘 믿지 않았을 것이다. 더군다나 후손이 했다면 더 말할 것도 없다. 그런데 외부에서 그것도 경영에 관한 한 최고의 권위를 자랑하는 한국경영학회에서 선포했다. 주관적 주장이 아니라 객관적 사실이 된 것이다.

　말은 이미 달리기 시작했고 이제 적절하게 채찍질만 해주면 됐다. 조 시장은 2022년 재선에 성공했고 관련 사업들은 지금까지 6년째 순풍에 돛단 듯 쾌속 순항 중이다. 대기업에서 일하다가 고시에 합격한 그의 뛰어난 솜씨는 큰 역할을 하고 있다.

　조 시장은 기업가 정신 수도 선포식 날 환영사에서 이렇게 말했다.

　"진주는 수많은 경제계의 인물들을 배출했다. 세계 경제 전쟁터에서 기업가 정신은 임진왜란을 극복한 진주 정신과도 맥을 같이 한다. 이 정신의 뿌리가 어디에 있는가에 대해 여러 학자에게 자문했는데 그 정신의 뿌리는 탁상공론을 멀리하고 실천 사상을 중시하는 남명의 경의(敬義) 사상에 있다고 들었다. 연구 결과를 종합해볼 때 진주 출신 기업가들의 기업가 정신의 뿌리는 남명의 철학과 깊은 관계가 있다고 본다."

행운은 이것만이 아니었다. 진주 혁신도시로 이전된 공공기관 중에 중소벤처기업진흥공단이 있다. 전국의 중소기업과 벤처기업을 담당하는 곳으로 중소기업 CEO들과 가장 긴밀한 관계를 맺고 있는 기관이다. 그전까지는 지역 균형발전이라는 일반적인 명분 외에 중소벤처기업진흥공단이 진주에 있어야 할 구체적인 이유를 찾지 못했던 것이 사실이다.

그런데 진주가 기업가 정신의 수도로 선포됨으로써 중소벤처기업공단이 마땅히 있어야 할 곳에 미리 와 있었던 셈이 됐다. 공단으로서도 좋은 일이었다. 어떤 일이든 명분이 중요한데 기업가 정신의 수도 진주에 있는 중소벤처기업진흥공단은 기분 좋은 명분이었다. 공기업이라 어쩌지는 못하고 균형발전이라는 이유만으로 진주에 와 있는 다른 기관에 비해 직원들의 사기도 올랐다. 국회의원 되고 처음 성공한 대형사업이 혁신도시 유치였는데 이렇게 기업가 정신을 통해 남명까지 연결될 것이라고는 그때는 생각지 못했다.

중소벤처기업진흥공단은 진주시와 힘을 합쳐 여러 가지

사업을 했다. 그중 중요한 것이 폐교된 지수초등학교를 개축해 K-기업가 정신센터로 부활시킨 것이다. 전시실은 진주 출신 기업가 정신의 뿌리가 남명이라는 사실을 일목요연하게 볼 수 있도록 꾸며져 있다.

중소벤처기업진흥공단은 또 전국 CEO뿐만 아니라 청년창업사관학교 입교생들을 대상으로 기업가 정신 연수를 진행하고 있다. 먼저 지수 승산마을에 있는 K-기업가 정신센터와 바로 옆에 산재해 있는 창업자들의 집을 방문한 다음 덕산 한국

K-기업가 정신 진주 국제포럼 포스터

선비문화연구원으로 가서 1박 하는 식으로 진행된다. 기업가 정신의 꽃을 보고 난 뒤 그 꽃을 피우게 만들어 준 뿌리를 확인한다는 의미로 구성했는데 전국적으로 인기가 높다.

이들을 상대로 특강을 할 때 "영국 산업혁명의 발상지도 가보고 현대 첨단기술의 심장부 실리콘밸리도 가보았는데 현장만 있을 뿐 뿌리는 없더라. 현장도 있고 백 리도 안 떨어진 곳에 뿌리까지 온전히 보존된 곳은 여기밖에 없다."고 말하곤 한다. 2023년 7월에는 진주 K-기업가 정신재단(이사장 정영수)이 출범했다. 남명 사상이 우리나라를 넘어 세계로 뻗어나가기 시작한 것이다. 준비에서 출범까지 전 과정에 김종욱 부이사장 겸 회장이 큰 역할을 했는데 김우옹의 후손으로 수우당 복향에 관여한 김종선의 동생이다.

백성들 먹고사는 문제에 관한 한 남명은 진심이었다. 백성들 걱정에 남명이 눈물 흘렸다는 이야기는 숱하게 등장한다.

첫 상소인 단성소에서부터 남명은 들판에서 날뛰는 이리에게 수탈당하는 백성들 걱정에 "오래도록 생각에 잠기고 길이 탄식하면서 낮에는 하늘을 우러러 본 것이 한두 번이 아니며, 아픈 마음을 억누르고 밤에는 천정을 쳐다본 지가 오래되었다."고 썼다.

무진 봉사에서는 "홀로 깊은 산중에 살면서 탄식하고 울먹이다가 눈물을 흘린 적이 자주 있다."고 썼다.

주변에서 관찰한 기록도 많다.

"조식은 백성들의 노약한 모습을 보고 지성으로 불쌍히 여겨 구제할 방법을 깊이 연구하여 따르는 선비들이 나아갈 바를 알게 되었고 백성들은 그 덕화에 크게 감복했다."

"백성들의 피로에 지친 모습을 생각하며 자기 일처럼 괴로워하면서 가슴 속에 차곡차곡 쌓아두고 그것을 말할 때는 간혹 목메어 울면서 하염없이 눈물을 흘리곤 하였다. 관직에 있는 자들과 말할 때는 조금이라도 백성을 이롭게 할 수 있는 방안이 있으면 그것을 강력하게 알려주어 시행될 수 있기를 바랐다."

김우옹은 남명의 행적을 기록한 행장에서 "학자나 사대부들과 말을 하다가 당시 정치의 잘못이나 백성들의 고통상 등에 이르러서는 한쪽 손으로 다른 쪽 팔을 잡고 부르르 떨면서 흐느껴 목이 메지 않은 적이 없었고 간혹 눈물을 흘리기까지 하였는데 듣는 사람들이 이 때문에 주의를 기울여 들었다. 이 세상에 대해서 정성을 기울여 관심을 두는 것이 이러했다."고 썼다.

실록에는 "말이 조정의 잘못과 민생의 곤궁함에 미칠 때마다 항상 비분강개한 마음으로 크게 한숨을 쉬었고 혹 눈물을 흘리기도 하였다."고 기록했다.

남명 사상이 정확히 어떻게 기업가 정신으로 연결되는가 하는 것을 규명하는 것은 학자들의 몫이다. 연결고리가 약하다는 반론이 있는 것도 사실이다. 5백 년 전 사람인 남명이 경제나 경영이론을 말하기를 기대할 수는 없는 일이다. 다만 백성들 먹고사는 문제에 대해 지극하게 관심이 많았던 것은 확실하다. 현실과 동떨어진 공리공론에 대해서는 비판을 넘어 분노했다. 다른 학자들과 판이한 점이다.

백성들 먹고사는 문제를 걱정하고 해결책을 모색한 대표적인 사례가 바로 남명이 사는 곳에서 가장 먼저 만들어진 '보'이다. 보는 농업의 생산성을 급격히 향상시킨 혁신이다. 남명의 제자 한강 정구가 함안군수를 하면서 보를 만들어 농업 생산성을 높였다는 기록이 함안읍지에 나와 있다. 곽재우와 의병을 함께했던 최진립 역시 여기서 보 만드는 법을 배웠고 이 신기술을 통해 경주 최부자집의 기틀을 닦았다고 보는 시각도 있다.

남명의 제자들은 남명을 성인으로 여겼고 그의 가르침을

지극정성으로 따랐다. 20년 전 돌아가신 스승의 말씀에 따라 의병 준비를 하고 있었을 정도다. 그것이 아니라면 곽재우는 왜 인색하다는 손가락질 받으면서까지 벌어놓은 큰 재산을 의병 일으키는 데 다 써버린 채 먹을 것 입을 것도 없이 살았겠는가. 먹고사는 문제에 대한 관심, 고단한 백성들의 삶에 대한 연민 등은 남명 학파의 가장 중요한 특질이다. 그 특질이 진주를 중심으로 살아온 제자 가문에서 대대로 전해 내려오다가 20세기 도입된 자본주의와 만나 대폭발을 일으켰다는 것이 남명파 후예인 나의 추론이다.

진주의 대기업 창업주들은 대부분 부유한 양반 가문 출신이고 남명과 직간접적으로 연관되어 있다. '사업보국' 같은 비(非)자본주의적 기업 이념은 백성을 위해 눈물 흘렸던 남명으로부터 유래된 것이 아닐까?

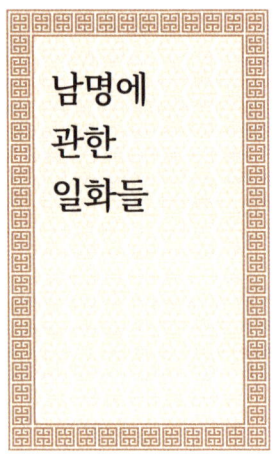

남명에 관한 일화들

「시인 남명」

남명은 30세에 한양 생활을 청산하면서 자신의 호를 남명(南冥)으로 했다. 남명은 장자 1편 '소요유'에서 따왔다는 것이 다수설이다. 북쪽 바다에 살던 곤이라는 물고기가 변하여 붕이라는 새가 되었고 그 대붕이 날아가는 남쪽 바다 이름이 남명인데 거기서 따왔다는 것이다. 다르게는 절친한 벗 대곡 성운이 이별의 선물로 준 시에서 왔다고 보기도 한다.

冥鴻矯翼向南飛   큰 기러기 날개 떨쳐 남쪽으로 날아가니,

正値秋風木落時　가을바람에 낙엽 지는 바로 그때로구나.
滿地稻粱鷄鶩啄　땅에 가득한 곡식 닭과 오리 쪼아 먹는데,
碧雲天外自忘飢　푸른 구름 하늘가에서 스스로 배고픔
　　　　　　　　잊는구나.

여기서 남명은 원대한 이상을 품고 은거하는 선비를 비유한다. 대곡은 이미 그때 남명이 닭이나 오리처럼 땅에 흩어진 모이를 쪼아 먹는 정도의 사람이 아니라는 것을 꿰뚫어 보았다. 이 시 첫 구절에서 남명 두 글자를 취했다는 것이다.

산해정 자리에 지은 신산서원

김해에 지은 산해정(山海亭)은 남명 스스로 어떤 뜻을 부여했다는 것이 없다. 후인들의 설이 있을 뿐이다. 무민당 박인은 '산을 베고 바다에 임했다(枕山臨水)'로 보았고, 만성 박치복은 '나지막한 언덕으로 인해 태산의 높음을 생각하고, 작은 강물을 근거로 하늘에까지 이르는 큰물을 미루어 생각하는' 뜻으로 보았으며, 면우 곽종석은 '태산에 올라 바다를 바라본다'라는 뜻으로 보았다.

고향 삼가로 돌아와서는 계부당(鷄伏堂)과 뇌룡정(雷龍亭)을 지었다. 계부당은 살림집이고 뇌룡정은 학교다. 계부란 '닭이 알을 품듯이'란 뜻이다. 공부할 땐 그렇게 간절한 마음으로 하라는 의미를 담았다.

서산대사 휴정은 남명보다 19년 뒤에 태어나 조선 중기 불교를 중흥시킨 인물이다. 휴정은 전국을 유람하면서 남명을 찾아와 만난 일이 있고, 남명에게 보낸 편지도 그의 문집에 남아 있다. 그럴 뿐만 아니라, 그의 제자 사명대사도 남명을 찾아와 만난 일이 있고 주고받은 시도 남아 있다. 당대의 학승들은 남명과 교유한 경우가 많았다.

서산대사가 지은 「삼가귀감」이라는 책에 '간절한 마음으로 공부하라, 닭이 알을 품듯이(절심주공부^(切心做工夫), 여계포란^(如雞抱卵))'라는 구절이 있다. 공부는 닭이 알을 품을 때 거의 먹지도 않고 정성을 다하는 것과 같이해야 한다는 의미다. 혹 서산대사가 이 무렵 남명을 방문해 계부당을 보고 그렇게 썼을지도 모르는 일이다.

뇌룡은 장자 '재유편'에서 따온 말이다. '시동처럼 가만히 있다가 용처럼 나타나고, 연못처럼 고요하다가 우레처럼 소리친다(시거이용현^(尸居而龍見) 연묵이뇌성^(淵黙而雷聲))'는 구절에서 우레와 용을 취했다. 내면적 함양을 통하여 자아의 성숙이 된 후에 세상을 향하여 곧은 소리를 지르는 것이다. 남명이 을묘사직소를 올려 나라를 뒤흔들었던 것은 뇌룡정 시절이다.

산천재

덕산으로 들어가서는 뇌룡사(雷龍舍)와 산천재(山天齋)를 지었다. 뇌룡사는 살림집이고, 산천재는 학교다. 다시는 세상에 나오지 않을 결심을 하고 평생 좋아하던 지리산 자락으로 아예 들어가 지은 집에 붙인 이름이다.

산천재는 주역의 '산천대축'에서 나왔다. '대축은 강건하고 독실하며 휘광하여 날로 그 덕이 새로우니, 강한 것이 위에 있어 어진 이를 숭상하고 강건함을 그치게 할 수 있다.' '하늘이 산속에 있는 것이 대축이니 군자가 옛말과 지나간 행동을 많이 알아서 그 덕을 쌓음이라.'고 되어 있다.

산천재는 남명이 만년에 제자를 기르기 위해 지은 건물 이름이다. 날마다 그 덕을 새롭게 하면서 산속에 하늘을 가두듯

뇌룡정

이 제자를 길러 훗날 국가를 위해 봉사할 수 있도록 하겠다는 뜻을 담았다.

뇌룡사에는 화공에게 벽에 큰 그림으로 용이 승천하는 모습을 그려두었다고 한다. 선비의 집으로서는 특이한 일이다. 남명은 용을 매우 좋아한 듯하다. 남명은 몇 개의 명(銘)을 지어두고 자신을 반성하는 계기로 삼았다.

좌우명은 다음과 같다.
庸信庸謹 언행을 신의 있게 하고 삼가며,
閑邪存誠 사악함을 막고 정성을 보존하라.
岳立淵沖 산처럼 우뚝하고 못처럼 깊으면,
燁燁春榮 움 돋는 봄날처럼 빛나고 빛나리라!

혁대명은 다음과 같다.
舌者泄 혀는 새는 것이요,
革者結 가죽은 묶는 것이니,
縛生龍 살아 있는 용을 묶어서,
藏漠冲 깊은 곳에 감추어 두라!

말을 조심하기 위해 신언명(愼言銘)을 지었다.

澤無水困　연못에 물이 없으면 곤란하니,
魚龍背背　물고기와 용이 등을 드러내게 된다.
雲堤萬仞　구름 낀 둑이 만 장이나 되어도
由蟻穴潰　개미집으로 무너진다.
尸龍　　　시동처럼 있다가 용처럼 드러나고,
淵雷　　　연못처럼 고요하다가 우레처럼 소리친다.
修辭立誠　언어의 표현을 다듬어 정성을 세우고,
守口如甁　병마개를 닫듯이 입을 닫아라!
在庸在忽　게으르고 소홀한 데 문제 있으니,
主忠信成　충성과 믿음으로 이루어라.

남명의 언어는 강하고 아름답고 빛이 난다. 위대한 시인이었다.

남명은 환갑 되던 1561년 삼가 토동으로부터 덕산으로 거처를 옮겼다. 삼가는 오늘날 합천군 삼가면이지만 당시에는 삼가현이었다. 덕산은 오늘날 산청군 시천면이지만 당시는 진주목 직할 살천(薩川) 부곡이었다. 남명이 이곳으로 옮긴 이유는 그가 산천재를 짓고 지은 시 '덕산복거(德山卜居)'에 잘 나타나 있다.

> 春山底處無芳草 봄 산 어느 곳엔들 향기로운 풀 없으랴만,
> 只愛天王近帝居 다만 천왕봉이 상제와 가까이 있음 사랑하여 자리 잡았네.
> 白手歸來何物食 빈손으로 왔으니 무얼 먹고 살거나,
> 銀河十里喫猶餘 은하수 같이 맑은 물 십 리이니 마시고도 남으리!

경치를 읊은 문학작품이 아니라 자신이 이곳을 선택한 이유를 밝힌 설명문 같다. 남명과 아무 인연이 없는 이곳에 터를 잡은 이유를 궁금하게 여길 후세 사람들을 위해 미리 밝혀둔다는 식이다. 천왕봉을 너무나 사랑하여 전경이 가장 잘 보이는 이곳에 자리를 잡았다고 했다.

시 제목의 '복거'가 심상치 않다. 워낙 중요한 장소를 택하는 것이니 천왕봉이 잘 보인다는 것만으로는 어딘가 미흡했던가. 점까지 쳐보고 마침내 낙점했다는 의미를 담아 이름을 붙인 것 같다. 글자 한 자 허투루 쓰는 법이 없었던 남명이 시

의 제목에 복$^{(卜)}$ 자를 괜히 붙였을 리 없다. 남명은 주역의 대가였다. 천왕봉 기운에다 점까지 쳐 선택한 곳이라 그렇게 위대한 제자들이 배출된 모양이다.

남명은 지리산을 12차례 방문했다. 1558년에는 쌍계사 방면으로 가서 청학동을 찾아 불일폭포를 탐방하기도 했는데 지리산 여행기「유두류록」을 남겼다.

산천재에는 처음부터 서쪽의 건물이 없었던 것으로 여겨진다. 그래야만 어느 위치에서든지 천왕봉을 볼 수 있기 때문이다. 대신 서재$^{(西齋)}$가 있어야 할 위치로부터 좀 더 뒤쪽에 작은 정자인 상정$^{(橡亭)}$이 있었다. 이 정자에 남명의 시 중에서 가장 널리 알려진 제덕산계정주$^{(題德山溪亭柱)}$가 걸려 있었다.

천왕봉의 여름

천왕봉의 겨울

請看千石鐘 청컨대 천석 무게의 종을 보게나
非大扣無聲 큰 채가 아니면 쳐도 소리 없다네
爭似頭流山 어찌하여 저 두류산은
天鳴猶不鳴 하늘이 울어도 울지 않는가?

석은 쇠의 무게 단위로 180근에 해당하니 108톤의 쇠로 만들었다는 말이다. 그 정도면 작은 채로는 아무리 두드려도 소리가 나지 않는다. 거대한 채로 쳐야만 소리가 난다. 두류산처럼 하늘이 울어도 울지 않는 거인이 되고 싶었다는 포부를 알 수 있는 시이다. 남명은 여기서 학문을 완성하고 제자를 길렀다. 이곳에서 배출된 인재들은 후일 국가의 동량으로 역할을 했다. 임진왜란 때 의병장으로 궐기해 나라를 구한 이들이 여기서 배출됐다.

「천하제일관문 화류관문」

남명의 수제자 정인홍은 스승으로부터 받은 가르침을 다음과 같이 회고하고 있다.

약관의 나이부터 수학했지만, 책을 잡고 가르침 받기는 얼마 하지 못했습니다. 그러나 계도 받아 진결을 엿본 것은 간혹 남들과 같았으니, 산천재(山天齋)의 고요한 밤과 산해정(山海亭)의 맑은 새벽에 선생님의 조용한 가르침 정성스러웠습니다.

정인홍이 지은 '제선사남명조선생문(祭先師南冥曺先生文)'에 나온다. 그는 1555년 20세 되던 해 남명을 찾아 제자가 되었다. 삼가 뇌룡정에서 제자를 가르치던 시기로 을묘사직소를 올린 바로 그 해다. 이후 그는 종종 스승을 찾아 산해정도 방문했고 산천재도 방문했다. 남명은 산천재 시절에도 이따금 부인이 있는 김해로 산해정을 찾았던 모양이다.

남명 문하 5현으로 꼽히는 오건 최영경 정인홍 김우옹 정구 등이 산천재에서 가르침을 받은 사실은 분명하다. 15세에 남명을 찾은 곽재우는 가장 늦은 시기에 제자가 됐다. 스승과 제자가 51년 차이다.

산천재를 지은 해 약포 정탁이 진주 교수로 부임하여 남명을 찾아 스승으로 섬겼다. 나중에 이순신을 죽음에서 구하게 되는 정탁은 20세가 되기 전 퇴계의 제자가 되었지만, 이때 다시 남명의 제자가 되었다. 정탁의 연보에는 '진주에 있을 때 남명 조 선생을 따라서 놀았는데 깊이 인정함을 입었고, 벽립천인의 기상을 볼 수 있었다. 약포 선생의 벼슬길이 처음부터 끝까지 절개를 온전히 보전할 수 있었던 것은 대개 이에서 얻음이 있었다고 한다.'고 기록돼 있다.

남명과 정탁 사이에는 다음과 같은 일화가 전한다. 약포가 진주 교수에서 이임하게 되어 작별인사차 남명을 방문했다. 인사를 마치고 떠나는 그에게 남명은 "우리 집 뒤뜰에 소 한 마리가 있으니 끌고 가게."라고 했다. 약포는 어리둥절해졌다. 선생에게는 소도 없었을 뿐만 아니라 있다고 해도 받아야 할 이유가 없었기 때문이었다. 그러자 남명이 말하기를 "그대는 말과 의기가 지나치게 빠르니 느리고 둔한 것이 오히려 낫다네."라고 하였다. 약포는 이 말에서 깊은 가르침을 얻었다고 한다.

제자 교육에 개인의 자질에 따른 방법을 사용한 사실과 정밀한 지도가 있었다는 점을 확인할 수 있다. '선생이 사람을 가르칠 때는 각

소

각 그 재능을 살펴서 그것을 도탑게 했다. 질문이 있으면 반드시 그를 위하여 의문 나는 뜻을 분석하여 말이 미세한 곳에까지 파고들어 듣는 사람이 환하게 의문이 풀린 뒤에야 그만두었다.'는 기록도 있다.

제자가 "선생님께서 조정에 나가시면 큰일을 이룰 수 있었겠습니까."라고 묻자 남명은 "나는 그럴 만한 능력은 없다. 다만 후학들을 가르쳐 그들에게 각자의 역량을 펼칠 수 있도록 하는 일이라면 어느 정도 할 수 있을 뿐이다."고 했다.

남명은 이런 말도 남겼다.

"대장부의 처신은 만 길 우뚝 솟은 산악처럼 중후하게 하여, 때가 되면 자기의 경륜을 펼쳐 많은 일을 해야 한다. 비유하자면 삼만 근이나 나가는 큰 쇠뇌는 한 방에 만 겹의 성벽을 깨뜨리지만, 생쥐 한 마리를 잡기 위해 쓰지 않는 것과 같다."

남명의 명성이 천하를 진동할 때 지리산 산천재로 당대의 명사들이 잇따라 찾아왔다. 토정 이지함도 오고 황진이도 왔다. 황진이의 방문은 1561년 있었다. 팔도 제일의 기생으로 이름 높은 황진이는 지리산 유람 길에 덕산으로 남명을 찾았다.

황진이는 산수 유람을 좋아했다. 구월산, 묘향산, 금강산,

태백산, 오대산, 소백산까지 명산은 안 가본 곳 없이 다 다녔다. 금강산은 1년에 걸쳐 모든 봉우리와 골짜기를 훑고 고승대덕을 만났다. 남쪽으로 길을 잡아 지리산에 와서는 노고단, 반야봉, 천왕봉 등 모든 봉우리에 올라가 보고 화엄사, 쌍계사, 천은사, 연곡사, 대원사 등 절도 모두 들렀다. 그리고는 대원사 인근에 있는 산천재를 찾은 것이다.

당대 최고의 남녀가 만나는 장면은 허권수 전 경상국립대 교수의 '조선의 유학자, 조식'에 흥미롭게 그려져 있다.

"황진이는 조식을 대하는 것이 마치 우뚝한 산봉우리를 대하는 것 같아, 도저히 그 지조를 시험해 볼 엄두가 나지 않았다. 세상 사람들을 많이 접해 봤지만 이렇게 기상이 크고 포용력이 있으면서도 감히 범접할 수 없는 인격을 갖춘 인물은 처음 보았다. 유혹에는 실패했으나 유혹을 시도해 보기라도 했던 서경덕과는 또 다른 면모였다. 조식도 산수를 좋아하는지라 자신이 가보지 못한 묘향산, 금강산 등의 형상에 관해 묻자, 황진이

황진이

는 상냥하게 그림을 그리듯 자세하게 대답했다.

황진이가 돌아가고 난 후 제자들이 조식에게 물었다.

"남녀 간에는 일곱 살만 되면 자리를 같이하지 않는다고 했는데 선생님께서 그 기생의 방문을 물리치지 않은 것은 무슨 이유에서입니까."

남명이 제자들에게 한 대답은 이랬다.

김우옹과 정구에게 말하기를 "천하에서 제일가는 관문은 바로 화류관문(여자의 유혹)이라, 너희들은 능히 이 관문을 통과할 수 있겠느냐."고 하시고는, 웃으며 말하기를 "이 관문은 능히 쇠도 녹이느니라."고 했다.

남명은 38세 때부터 세상을 떠나기 직전까지 13차례에 걸쳐 벼슬을 제수받은 것으로 나타난다. 생전에 그에게 내려진 마지막 벼슬은 종4품 종친부전첨이었다. 왕실 족보 편찬의 실무 책임자다. 남명이 이런 벼슬에 나가겠는가. 율곡도 이런 상황을 '허명으로 명분을 사기 위한 것'이라고 비판했다. 남명은 시대가 자신이 벼슬할 만한 때가 아니라고 보았다. 다음과 같은 시를 남겼다.

人之愛正士 사람들이 바른 선비 좋아하는 건,
好虎皮相似 호랑이 가죽 좋아함과 비슷해.
生則欲殺之 살아있으면 죽이려 하다가,
死後方稱美 죽은 다음엔 아름답다 칭송하네.

　남명은 이준경과 오랜 벗이었다. 이준경은 조선의 3대 명재상에 꼽히는 인물이다. 남명이 명종의 부름에 응하여 한양으로 갔을 때 현직 영의정이었다. 이준경은 옛날 친구로서 편지는 보냈으나 찾아가지는 않았다.
　남명은 남명대로 자신이 한양에 왔으니 벗의 신분으로 찾아올 것으로 생각했다. 찾아갈 생각은 하지 않았다. 고향으로 내려올 때 마지막으로 그를 찾아가 작별인사를 하고 "공은 어찌하여 정승의 자리에 있다고 자신을 높이는가."라고 힐난했다. 이준경은 "조정의 체모를 깎아내릴 수 없어 그랬다."고 답했다.
　이준경은 남명이 찾아올 줄 알았던 모양이다. 한양에 들어온 퇴계가 늦게 찾아가자 이준경은 "들어온 지 이미 오래되었는데 어찌 이제야 찾아오느냐."고 채근하듯 물었던 적도 있다. 퇴계가 자신을 찾아온 사대부들을 접대하느라 틈이 없었다고 하자 언짢아하며 자신은 조광조 외에는 누구도 인정하지 않는다고 쏘아붙였다.

　남명이 칭찬한 단 한 명의 공직자는 이증영이었다. 청렴한 공직자를 칭송하는 글을 한 편 남겼는데 '이합천유애비문'이다. 합천군수를 지내고 이임하는 이증영을 위하여 남명이 지은 글이다. 1559년 비석으로 세운 이 비문은 지금도 합천의 황강 함벽루 들어가는 길옆에 서 있다. 백성을 위한 그의 공적을 잘 묘사하고 있는데 '권문세가에서 뇌물을 요구할 때는 매번 빈 봉투를 보냈다.'는 끝 문장이 압권이다.

이합천유애비

「남명의 유머」

　남명은 자신의 성격을 잘 알았다. 성운에게 보낸 편지에서 "저의 생강처럼 매운 성격은 늘그막에 이르러도 오히려 매워지기만 한다. 밖에서 들려오는 말이 아무리 많더라도 매양 차가운 웃음으로 흘려버린다. 목을 잘리게 되더라도 전혀 애석해 하지 않을 것인데, 하물며 목을 잘리지 않는 데 있어서이겠나."라고 했다.

남명은 스스로 "나는 타고난 기운이 매우 얕은데 오직 사물을 업신여기는 것으로 고상하다고 생각했다. 사람에게만 오만한 것이 아니고 세상에 대해서도 또한 오만하여 부귀나 재물을 보면 풀이나 진흙처럼 멸시했다."라고 자평했다.

노수신은 "조식은 기개가 높고 식견이 고매해서 성현의 글일지라도 만족하게 여기지 않는다."고 했다.

남명은 해학에도 능했다.

말씀에 간간이 해학과 풍자를 섞었다. 산해정에 있을 때 임억령이 찾아와서 말을 나눌 때, 임억령이 "오는 길이 매우 험난하였습니다."라고 하니, 웃으며 대답하기를 "그대들이 밟고 있는 삶의 길이 이보다 훨씬 험할 것이다."라고 하였다. 또 산천재에 있을 때 어떤 선비가 두류산 청학동을 여행하고 돌아가는 길에 들러 청학동에서 학을 본 이야기를 하였는데, 선생이 말하기를 "그것은 학이 아니고 바로 황새입니다."하고 그를 희롱하여 말하기를 "그대의 이번 행차는 한갓 헛수고입니

학 　　　　　　　　　　　황새

다. 학을 찾아갔다가 황새를 보고, 은자를 방문하다가 나를 보았으니 어찌 소득이 있겠습니까." 하였다.

　한 번은 경상감사 정종영이 찾아와 남명이 평소 패검을 차고 생활한다는 이야기를 듣고서는 "무겁지 않습니까."라고 물었다. 남명이 "그대의 허리에 차고 있는 인수의 무게가 더 무거울 것입니다."라고 했다. 감사가 즉시 사죄했다고 한다.

인수

「공리공론 음풍농월 배격」

남명은 온갖 분야의 학문을 섭렵했다. 불교와 노장은 물론 천문, 지리, 음양, 의약에 궁마(弓馬), 항진(行陣), 관방(關防) 등 병법에 이르기까지 통달했다. 르네상스 형 인간이다. 문장은 춘추좌씨전과 유종원의 글을 좋아했다. 우리나라 문인들의 비루한 문자는 좋아하지 않았다고 한다. 춘추좌씨전의 필법은 문자 그대로 춘추필법으로 옳고 그른 것을 명확히 가르는 문장체이며, 유종원의 문장은 불필요한 수식을 하지 않는다.

글씨체는 설암체를 본받고자 하였으나 각고의 노력을 기울이지는 않았다. 설암은 원나라 때의 승려로 필체가 뛰어나 우리나라 사람들이 많이 본받았다고 한다.

남명의 글은 우리 역사에서 가장 난해한 문장으로 꼽힌다. 200수 이상 전하는 시 중에는 단 한 편도 음풍농월이 없다. 다양한 고사에서 빌린 전고와 글자 속에 감춘 이중삼중의 깊은 의미 때문에 웬만해서는 정확하게 이해하기 힘들다고 한다.

'선생의 글은 처음에는 법도에 맞지 않은 듯하지만 바람이 몰아치고 우레가 번뜩이듯 하여 한 글자도 고칠 곳이 없었다. 기이한 표현과 깊은 뜻은 비록 학문이 익숙한 선비라도 더러 투철하게 알지 못하였다.'라는 것이다. 수식이 없고 간결하면서도 정곡을 찌르는 문장은 감탄을 자아내게 한다. 대표적인 경우가 자기 선친의 묘갈명이다.

"임금을 섬기고 백성을 다스린 경우, 기술할 만한 덕이 있으면 사관이 기록하고, 백성들이 한결같이 말을 하여 전해온다. 그러나 과장하고 둘러댈 바에는 조문을 짓지 않는 것이 마땅하다. 가령 말할 만한 덕이 없다면, 아첨하는 말이 되어서 나의 아버지를 속이는 것이고 남을 속이는 행동이 되어 나의 아버지를 부끄럽게 만드는 것이다. 아버지를 속이거나 아버지를 부끄럽게 하는 것은 나 또한 차마 못 할 일이다."

공리공론을 배격하고 실질적인 공부를 강조했다.

"공부하는 처음은 부모를 섬기고 형을 공경하며 어른에게 공손하며 어린 사람을 자애롭게 대하는 사이를 벗어나지 않는다. 여기에 힘쓰지 않고 갑자기 성리의 오묘함을 궁구하려고 하면 이것은 사람의 일에서 하늘의 이치를 구하는 것이 아니어서 마침내 마음에서 진실로 얻는 것이 없으니 마땅히 깊이 경계해야 한다."

"큰 시장에 가서 금은보석을 감상하고 놀면서 종일 아래위로 오가면서 그 값을 물어보아도 마침내 한 가지라도 자기의 것으로 하지 못한다면 도리어 한 필의 베를 짜서 팔아 한 마리의 생선을 사 오는 것보다 못하다. 지금의 학자들은 성리를 고상하게 담론하지만, 자신이 얻는 것이 없으니 이것과 어찌 다르겠는가."

"지금의 세상은 학문으로 혹세무민하고 있어 비록 큰 현인이 나오더라도 구하기 어려운 습속을 만들었다. 이는 큰 스승된 사람이 오직 상달의 학문에만 전념하고 하학의 공부는 궁구하지 않아 어려운 풍습을 만들었다."

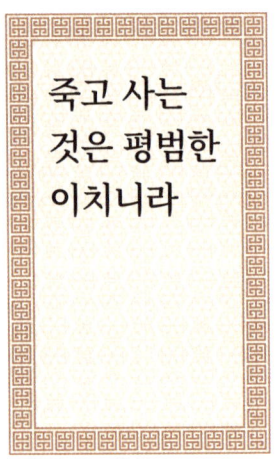

죽고 사는 것은 평범한 이치니라

 스승이자 처외조부인 남명의 병과 임종을 시종일관 지킨 인물이 동강 김우옹이다. 남명의 아들들이 아직 어려서 장례를 주관하지 못하는 상황이었기에 큰 외손서인 그가 병간호와 임종을 지킨 것으로 볼 수 있다. 김우옹은 「언행총록」에서 그 당시의 모습을 다음과 같이 상세하게 묘사하고 있다.

 1571년 12월 21일 등창을 앓았다. 정월에 병이 차도가 있어 여러 제자가 모시고 앉으니 선생께서 "나는 학자가 아니다. 평생에 협기가 많아 다만 공부의 힘으로 다스렸다. 도량은 좁고 재주는 적어 큰일을 감당하기에는 부족했지만, 사람을 사랑하고 선을 좋아하여 다른 사람들이 각각 자기의 일을 하도록 하고 나는 물러나 있고자 하였으니 재주가 없기 때문이었다."라고 하였다.

김우옹에게 말하기를 "내 평생에 한 가지 장점이 있었으니 죽을지라도 구차하게 따르지 않는 것이었으니 너도 잘 알고 있을 것이다."라고 하시고, 김우옹과 정구에게 다시 "너희들은 출처에 대해서 조금 본 것이 있으니 내가 마음으로 인정한다. 사군자의 큰 절개는 오직 출처 한 가지에 있을 뿐이다."라고 하였다.

14일에 병이 심해져 제자들이 나아가 여쭈기를 "선생님께서 저희에게 가르치실 것이 있으십니까." 하니, "백 가지 의리는 제군들이 이미 알고 있음이니 오직 도탑게 믿는 것이 귀하니라."라고 하시고 또 "여러 벗들이 여기 있으니 나의 죽음은 또한 영예롭다. 또 아녀자들의 눈물 흘리고 슬퍼하는 모습을 보지 않으니 이것도 매우 유쾌하고 즐거운 일이다."라고 하시고는 세상일이 잘못됨을 극렬히 논하시며 팔을 휘두르심이 평일과 같았다.

김우옹이 만일 불행한 경우를 당하면 칭호를 무엇으로 써야 할지 묻자 남명은 "처사라고 쓰는 것이 옳다. 이것이 내 평생의 뜻이었으니 이를 쓰지 않고 관작을 쓴다면 이것은 나를 버리는 일이라."고 하였다.

　1월 15일 아침 김우옹을 불러 "오늘은 내 정신이 전날과 좀 다른 것 같으니 아마도 죽을 것 같다. 다시 약을 들이지 말고 미음도 끊어라."고 말했다. 남명은 창문을 열라고 말하면서 "하늘의 해가 저렇게 청명하구나."라고 했다. 남명은 또 벽에 붙여 놓은 경(敬)과 의(義) 두 글자를 가리키며 "이 두 글자는 매우 절실하고 중요한 것이니 배우는 사람들이 힘써 여기에 공력을 들여야 할 것이다. 공력을 들여 익숙하게 되면 가슴 속에 한 가지도 가리는 것이 없게 될 것이다. 나는 그런 경지에 이르지 못하고 죽는다."라고 말했다.

　김우옹이 머리를 동쪽으로 가도록 누워 생기를 받으라고 권하자 남명은 그런다고 생기를 받겠느냐고 했다. 김우옹이 재삼 청하며 이렇게 하는 것이 옛날의 예라고 재차 권하자 남명이 군자가 사람을 사랑하는 것은 예로써 하는 것이라고 하면서 드디어 머리를 동쪽으로 하고 누웠다.

　제자들의 간청에 따라 미음을 조금씩 들면서 잠시 기력을 회복했다가 2월 6일 다시 악화했다. 2월 8일 잠시 깨어났다.

주위를 조용히 하도록 하고는 누운 자리를 바르게 정돈했다. "죽고 사는 것은 평범한 이치이니라." 마지막 말을 남기고 편안한 모습으로 눈을 감았다. 남명은 마지막 순간까지 잠시도 정신이 흐트러지지 않고 맑은 정신을 유지했다. 자기 수양이 극도의 경지에 이르지 않고는 어려운 일이다. 하늘이 한동안 깜깜해지고 갑자기 세찬 바람이 불다가 폭설이 내렸다. 산천재의 뒷산이 무너지고 나무에는 상고대가 끼는 이변이 있었다. 이에 앞서 1월 초 경상감사가 남명의 병을 알리자 선조는 즉시 어의를 보냈으나 미처 도착하지 못했다.

큰 인물이 죽으면 실록은 그의 행적을 정리한 졸기(卒記)를 싣는다. 남명의 졸기는 두 개가 있다. 원래 쓴 원본과 인조반정의 쿠데타 세력이 새로 쓴 개작이다. 원본은 남명의 일생을 객관적이고 담담한 필치로 서술하고 있다.

"어려서부터 용모가 준수했으며 어른처럼 조용하고 정중했다. 장성해서는 어떤 글이든 통달하지 않음이 없었다. 천성이 효성과 우애에 돈독했다. 타고난 재질이 맑고 높았다. 두 눈에는 빛이 형형하여 바라보면 세속의 사람이 아님을 알 수 있었다. 말을 영특하게 하여 우레가 치고 바람이 이는 듯했다. 그리하여 사람들에게 자신도 모르게 이욕의 마음이 사라지게 했다. 평상시에는 종일 단정히 앉아 게으른 모습을 보인 적이 없었다. 나이 칠순이 넘어도 한결같았다. 문집 세 권이 세상에 전한다."

반면, 개작본은 어떻게든 꼬투리를 잡으려 애쓴 기색이 역력하다.

"스스로 자기 재주를 자부했다. 내심 과거급제와 공명 이루는 것을 손쉽게 이룰 것으로 여겼다. 남을 인정하는 일이 적었다. 시골 사람들이 감히 접근하지 못했다. 단지 학도들만 종

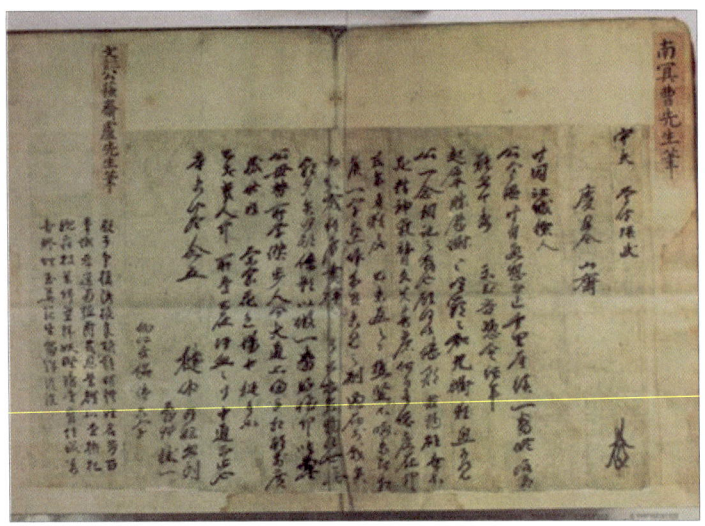

남명의 친필

유했는데 모두 심복했다. 신하들이 시호를 내려 포상하고 장려하는 뜻을 보일 것을 청하자 임금이 전례가 없다는 이유로 윤허하지 않았다. 참동계(參同契)를 꽤 즐겨 보았는데 '좋은 점이 매우 많으니 학문을 하는 데 도움이 있다.'라고 했다. 또 '불가의 상달처는 우리 유가와 마찬가지'라고 했다. 저서는 없고 약간의 시문만 세상에 전해지고 있다."

도가 계열의 책으로 정통유학을 자처하는 사람들이 싫어하는 참동계와 불교를, 길지 않은 졸기에 굳이 언급한 것을 보면 그들이 남명을 어떻게 몰아가려고 했는지 짐작할 수 있다. 남명 같은 거인을 차마 어떻게 하지는 못하지만 할 수 있는 한 흠집을 잡으려 했다. 졸렬하고 비루한 글은 읽을수록 맛이 쓰다

남명이 가장 사랑한 지리산 천왕봉

4
나의 패밀리 비즈니스

코로나가 터졌다. 연구원은 적막강산으로 변했다. 숨만 쉬며 견뎌야 했다. 코로나 끝나자 금세 원상회복됐다. 한국선비문화연구원은 이미 하나의 이름이 되어 있다는 사실을 확인했다. 지나온 길을 되돌아보니 깊은 한숨이 나온다. 남명 모시는 일이 나의 패밀리 비즈니스라는 생각을 다져오지 않았어도 여기까지 올 수 있었을까.

한국선비문화

화연구원 원장으로 부임한 2016년 11월은 내 인생을 통틀어 최악의 시기로 접어들던 시점이다. 당시는 박근혜 정권의 극성기였다. 그해 봄 치러진 19대 총선에 출마하려 했으나 공천받지 못했다. 여론조사 경선을 한다고 했는데 여론조사를 하기는 했는지, 어디서 했는지, 결과는 나왔는지, 결과가 무엇인지 등에 대해 아무 설명도 없이 친박실세라는 현역의원이 또 공천됐다고만 했다. 그 결과 122석을 얻었고 대통령은 탄핵당했다.

공천이 끝이 아니었다. 경선할 때부터 검찰에 불려 다녔다. 보좌관으로부터 돈을 상납받았다는 혐의였다. 나는 돈을 받은 적이 없다. 시작 단계부터 상의했던 변호사들은 절대로 기소되지 않을 것이라고 자신했다. 그들은 일류 법률가로 꼽히는 사람들이었는데 그렇게 상식적으로 성립되지 않는 혐의로 기소하지는 않는다고 했다. 그러나 공소시효 끝나기 직전 기소됐다. 재판 시작되던 무렵 원장으로 부임했다.

이듬해 2월 창원지방법원 진주지원에서 1심 선고받았다. 징역 6개월에 집행유예 1년, 추징금 71,934,930원이었다. 고법을 거쳐 그해 8월 대법원에서 원심대로 확정됐다. 나는 죄를 지으면 벌 받을 각오를 하고 산다. 죽을죄를 지었다면 눈 하나 깜짝하지 않고 죽겠다는 각오를 다지면서 산다. 하지만 짓지 않은 죄로 벌을 받으니 참기 힘들었다. 검찰청과 법원, 변호사 사무실에 오가며 느꼈던 심정을 다시 표현하고 싶지는 않다.

어느 날부터 목이 잠기더니 목소리가 나오지 않았다. 20대 때 워낙 볼품이 없어 장인이 사위로 받아들이지 않으려 하다가 목소리를 듣고는 '내 딸 굶기지는 않겠네.' 하며 허락했을 정도로 목소리 하나는 괜찮다는 소리 듣고 살았는데 말을 하려고 해도 '쉭쉭' 바람 빠지는 소리만 났다.

목에 넥타이 매는 것과 허리띠 매는 것, 새끼줄 매는 것을 비교할 때가 종종 있었다. 살면서 여러 고비가 있었지만 한 번도 그런 적은 없었다. 목소리가 안 나오고 자살을 생각하는 상황은 처음 겪는 것이었다. 아내에게 '당신이 알던 최구식은 어디 갔나. 한번 찾아보라.'고 농담할 정도였다.

실패와 고통이 끊임없이 덮쳐 오는데 끝은 보이지 않고, 견디고 견디다 마침내 내면으로부터 붕괴해 버렸던 것 같다. 당시에는 혼자 살면서 밥도 해 먹고 빨래도 했다. 간호사 면허증을 가진 아내는 결혼 전 잠깐 병원에 근무하다 그만두었는데 30여 년 만에 서울에 있는 작은 병원에 취직해 있었다. 쥐꼬리만 한 박봉이었으나 그나마 보태지 않으면 안 되었다. 환갑을 전후해 5년여 떨어져 살았다.

혼자 일어나 아침밥 해 먹고 차를 몰고 출근하다 천왕봉이 보이면 나도 모르게 눈물이 나왔다. '남명 어르신 죄송합니다. 수우당 할아버지 죄송합니다. 아버지 죄송합니다.' 중얼거리며 울면서 차를 몰았다. 옥중에서 억울하게 돌아가신 13대조 수우당 생각이 많이 났다. 국회의원 할 때 '4백 년 만에 나라 중심으로 귀환한 남명파의 후예'라고 말하곤 했으나 시기상조였던 모양이다.

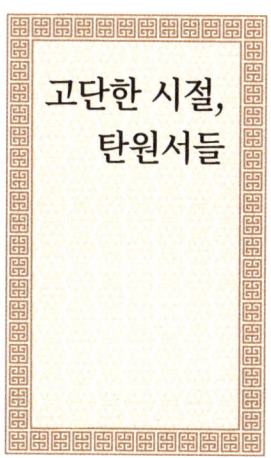

나는 지금까지 내가 썼던 글들은 다 보관하고 있다. 잊으면 안 되는 기록들이다. 2022년 12월 사면복권 심사를 앞두고 법무부에 제출한 탄원서에서 이렇게 썼다.

「2022년 탄원서」

탄원인은 경상남도 진주갑 지역구에서 17대(2004~2008) 18대(2008~2012) 국회의원을 지낸 최구식입니다.

2016년 4월 치러진 20대 국회의원 선거 때 공직선거법 위반 등 혐의로 징역 6개월에 집행유예 1년, 71,934,930원 추징 등의 형을 선고받았습니다. 2017년 2월 9일 창원지방법원 진주지원(2016고합84)에서 1심판결을 받은 뒤 2017년 8월 23일 대법원(2017도7354)에서 형이 확정됐습니다.

형은 충실하게 이행했습니다. 하지만, 여전히 억울한 점이 있는 것 또한 사실입니다. 혐의의 주된 내용은 제가 돈을 받았다는 것입니다. 보좌관으로 일했던 사람이 국회의원 선거를 앞두고 저를 고발했습니다. 상대는 당시 실력자라는 이른바 친박 핵심 현역의원이었습니다. 고발 내용은 보좌관 월급 중 일부로 지역구 사무실을 운영했다는 것입니다.

문제의 본질은 저의 지시 여부였습니다. 저는 지시한 적이 없을 뿐만 아니라 보고받은 적도 없고 알지도 못했습니다. 제가 알았다면 문제의 돈을 만천하에 공개되고 영원히 기록으로 남는 최구식 명의의 정치자금 통장으로 매월 꼬박꼬박 입금했겠습니까. 또 7명의 보좌진(인턴까지 포함하면 9명) 중에서 유일하게 그 보좌관으로부터만 받았겠습니까.

저와 직간접적으로 인연이 있던 다른 보좌진과 달리 고발인은 오랜 세월 지역 정치판 근처에 있던 사람으로 2004년 17

대 총선 출마하면서 처음 알게 됐습니다. 저로서는 가장 경계해야 할 사람이었습니다. 그런데 믿을 만한 사람 아무에게도 안 받은 돈을 하필 그 사람에게서만 받았겠습니까.

검찰 조사 때 고발인 스스로가 '지역 사무실 운영을 총괄하는 본인 판단에 따라 자발적으로 했다. 보고한 적도 없고 의원은 모를 것이다.'라고 진술하다가 검찰로부터 '그렇다면 왜 고발했느냐.'는 질타까지 받았다고 합니다. 물론 재판 시작되자 말을 바꿨습니다. 그는 법정에서 '보고한 적은 없지만, 의원이 알고는 있지 않았을까 생각한다.'라고 말했습니다. 고발 당사자가 제게 가한 최대의 공격이 이 정도 진술이었던 것입니다.

확인 결과 보좌관 자리를 간절히 바랐던 그는 지역구 사무실 사람들의 환심을 사기 위해 '보좌관 월급이 진주 실정과 비교해 너무 많으니 나눠 쓰자.'라고 제안했습니다. 사무실 살림을 책임지던 여직원은 대수롭지 않게 생각한 채 그가 매월 송금하는 돈을 제 명의로 된 공식 정치자금 통장에 입금했다가 지역 사무실에서 달라고 하면 출금해 주었습니다. 일간지 정치부 기자로 오랜 기간 국회를 출입하면서 누구보다도 그런 사정을 잘 아는 제가 그런 어리석고 위험한 일을 저지를 수는 없는 일입니다.

그 사건으로 겪은 고통과 억울함을 생각하면 지금도 가슴이 답답해집니다. 현역의원과 피를 말리는 경합을 하면서 1분 1초가 아까운 선거 와중에 검찰청에 불려가 새벽까지 추궁당하던 기억, 듣지도 보지도 못한 거액의 추징금을 빚을 내어 갚아야 했던 기억들이 문득 되살아나 진땀으로 범벅이 된 채 잠에서 깨어 밤새워 뒤척이며 불면의 밤을 지새워야 했던 적도 많습니다.

아울러 공민권의 제약으로 정신적 경제적 사회적으로 정상 생활을 영위하는 데 큰 어려움을 겪고 있습니다. 이에 복권을 신청하오니 깊이 헤아려주시기를 바랍니다.

2017년 재판받을 때 탄원서에는 이렇게 썼다.

「2017년 탄원서」

내력

저는 1960년 경남 산청군 시천면 중산리에서 태어났습니다. 선친은 화순최씨 수우당파 12대 종손이고 저는 글을 깨치면서부터 선친의 비서실장역을 맡았습니다. 수우당(최영경)은 남명(조식)의 제자로는 유일하게 덕천서원에 배향돼 있습니다. 원래 한양에서 참판 혹은 감사급 벼슬을 하던 집안인데 명종조 문정왕후, 윤원형, 정난정 등의 혼탁한 정치가 싫어 남명을 찾아 천 리 길을 내려온 중시조입니다.

1590년 기축옥사로 모함받아 억울하게 옥사했는데 마지막 순간 세상에 남길 말을 묻는 사람 손바닥에 바를 정자를 쓰다가 돌아가셨다고 기록돼 있습니다. 소설가 김훈의 「칼의 노래」에 이 장면이 나옵니다.

독립운동가의 후예가 그렇듯 뜻을 이룬 조상을 둔 후손들의 삶은 고단합니다. 수우당 사후 4백여 년간 화전을 갓 면한 농사를 지으며 근근이 대를 이어왔습니다. 현실의 삶이 어려울수록 조상을 모시는 정성은 더욱 지극했고 종손은 그 중심이었습니다. 선친의 일생은 수우당을 현창하고 가능성 있어 보이는 저를 교육하는 일 두 가지로 집약됩니다.

초등학교 때 진주로 나가 고등학교까지 졸업했습니다. 누나 두 분은 중학교에 가지 못했습니다. 대학 시절 방학 때 귀향하면 집을 찾지 못했습니다. 당시 임대차보호법 상 보호기간이 반년이었기 때문에 부모님은 1년에 두 번씩 이사해야 했습니다.

친구 집에 머물며 물어물어 찾아가면 달동네 방 한 칸에 부모님이 계셨습니다. 가마니를 들추고 들어가면 낮에도 불을 켜지 않으면 어두컴컴한 방에 앉아 계셨습니다. 누나들은 집에 없었습니다. 지금까지 저는 그때 누나들이 어디서 무얼 하며 살았는지 물어보지 못했습니다. 암담한 시절이었습니다.

제가 대학을 다니고 있지 않았다면 우리 가족은 해체됐을 것입니다. 막내가 대학에 다닌다는 그 조그마한 희망의 씨앗이 없었다면 우리 가족은 어둠 속에서 뿔뿔이 흩어지고 말았을 것입니다.

1985년 대학을 졸업하고 조선일보에 취직했습니다. 편집부, 사회부, 문화부, 정치부, 사장실(기획실) 등 여러 부서에서 근무했습니다. 2002년 2월, 17년 동안 다니던 조선일보를 갑자기 그만두게 되었습니다. 당시 정치부 차장이었는데 회사의 결정을 받아들일 수 없었습니다.

저만 보고 계시는 부모님, 아내와 초등학교에 다니는 두 아이를 생각하면 힘든 결정이었습니다만 어쩔 수 없었습니다. 가난하게 태어나 고단하게 살아왔지만 제 내면에는 양보할 수 없는 마지노선이 있었던 모양입니다. 반년만 참으면서 먹고살 길을 찾은 뒤 그만두면 어떻겠느냐는 아내의 눈물 호소에 이렇게 답했습니다.

"이번에는 가족들의 목숨이 걸린 일이라 한번 무릎을 꿇는다고 치자. 하지만 한번 꿇으면 늘 꿇게 되는 것이 세상의 이치다. 앞으로는 바람만 건듯 불어도 '아. 목숨이 위험하구나' 하고 바로 꿇게 될 거다. 당신도 알다시피 내 성질상 50세 되기 전에 화병으로 죽을 것이다. 21세기에 산 입에 거미줄이야 치겠나."

막다른 길에서 새 길은 나타나는 모양입니다. 2002년 대선 앞두고 이회창 후보의 빌라게이트가 터지자 최병렬 의원이 경선에 출마하면서 합류를 요청했습니다. 여의도로 돌아가게 된 것입니다. 이회창 대세론을 꺾지 못했으나 이번에는 박관용 국회의장이 공보수석 비서관으로 임명했습니다.

정치입문

2004년 17대 총선 때 진주 선거구가 두 개로 늘어났습니다. 연고지인 진주갑에는 현역이 없었습니다. 최병렬 대표와 박관용 의장의 도움으로 한나라당 공천을 받고 당선되었습니다. 당시는 우리나라 정치의 일대 변혁기였습니다. 총선 직전

선거법과 정치자금법이 개정됐습니다. 이른바 오세훈법입니다. 정치자금의 경우 정상적인 의정활동에 드는 합법적인 정치자금은 넉넉하게 쓸 수 있게 하되 불법 자금에 대해서는 철퇴를 내린다는 것입니다. 벌금 100만 원 넘으면 의원직을 상실하고 출마도 할 수 없게 했습니다. 지구당을 폐지하고 연락사무소만 두도록 했습니다.

지구당은 사무실 개념이 아닙니다. 사무국장이란 책임자 밑에 읍면동 책임자가 있고 그 밑에 통반 책임자가 있고, 또 아파트별로 책임자가 있는 거대한 인적 피라미드입니다. 최소 월 2천만 원은 들어간다고 합니다. 돈 먹는 하마라고도 하고 돈이 들어가야 돌아간다고 해서 자판기라고도 합니다.

직업적으로 정치를 관찰하면서 돈과 지역구 활동에 대해 나름대로 파악할 수 있었습니다. 지역 사무실을 출입하는 일부 사람들이 '돈돈'하지만 그들의 활동이 실제로는 어디에도 도움이 되는 것이 없더라는 것입니다. 정치꾼들 자신이 쓰기 위해 필요한 돈일지 모르겠지만, 의원에게나 지역에서나 나라에나 백해무익한 돈이었습니다. 게다가 너무 위험했습니다. 유망한 정치인이 돈 때문에 추락하여 다시는 일어서지 못하는 사례를 많이 보았습니다.

그런데 오세훈법이 생긴 것입니다. 저로서는 적시에 정치에 입문하게 된 셈입니다. 지구당이 폐지되자 돈 들 일이 없어졌습니다. 사무실 운영을 위한 돈은 합법적인 정치자금으로 충분했습니다. 그 밖에 돈 드는 일은 절대로 하지 말라고 귀에 못 박히도록 강조했습니다.

새 정치를 위한 조건은 좋았습니다.
첫째, 신설 지역구였기 때문에 과거에 있던 지구당을 물려받을 필요가 없었습니다. 저와 뜻을 함께하는 동지들이 새로 모여 새로 시작했습니다. 돈이 사라지자 뜻이 모였습니다.
둘째, 지역 활동이 중요하다는 인식이 약했습니다. 오래 지역구를 누비며 유권자를 상대로 활동했다면 지역이 중요하다는 생각이 있었을 것입니다. 하지만 그런 경험 없이 공천받아 내려갔기 때문에 지역 활동에 대한 인식 자체가 없었습니다. 중앙에서 일로 경쟁하면 된다고 생각했습니다.
셋째, 지역 연고는 누구보다 강했습니다. 초중고를 다 진주에서 졸업했고 처가는 진주 강씨, 외가는 진주 하씨입니다. 강씨와 하씨는 진주의 양대 성씨입니다. 태어나지도 않았는데 아버지 지역구를 물려받은 경우, 초등학교 입학 전에 떠났을 때 등과 비교되면서 '강철 연고'라며 부러움을 샀습니다.

모든 에너지를 일에 쏟아부었습니다. 대학 시절부터 쌓인 인맥과 기자로 일하면서 배운 기술, 일단 시작하면 일에만 몰입하는 스타일 등이 결합해 금세 성과가 나왔습니다. 전국체전을 유치했고 남강 유등축제를 국가 대표축제로 승격시켰고 코리아 드라마 페스티벌을 만들었고 혁신도시를 유치했고 토지주택공사 일괄 이전을 성사시켰습니다.

2008년 이방호 당시 당 사무총장이 주도한 18대 공천을 받지 못했습니다. 무소속으로 당선됐습니다. 사천에서 출마한 이방호 총장은 막 출범한 이명박 정권 최고 실력자라는 명성에도 불구하고 낙선했습니다.

무소속 당선자들은 '친박'으로 불렸습니다. 저는 박근혜 전 대통령을 따르는 사람이 아닙니다만 무소속 당선자를 언론에서 그렇게 분류했습니다.

박 전 대통령에게 가장 큰 고비는 세종시였습니다. 2010년 6월 이명박 대통령이 제안한 세종시 수정안 표결이 있었습니다. 저는 소관 상임위인 국토해양위 한나라당 간사였습니다. 첫 관문이 국토해양위 표결이었는데 저는 '친박' 중 유일하게 박 전 대통령과 정반대 길을 택해 수정안에 찬성했습니다. 저로서는 소신에 따른 표결이지만 박 전 대통령 입장에서는 최초의 반란이자 용납할 수 없는 '대역죄'였던 모양입니다. 이후 저는 집요하고 지독한 공격에 시달렸습니다.

국회의원으로서 내린 결정은 역사에 영원히 기록된다고 생각합니다. 실제로 지금도 인터넷에 들어가면 찬반 의원명단이 그대로 나오는데 '조갑제닷컴'에는 제목에 '찬성 김무성 최구식 진영 등 105명/반대 박근혜 정세균 이회창 등 164명/기권 정의화 조전혁 황진하 등 6명/불참 16명'이라고 돼 있습니다. 이 명단은 앞으로도 천년만년 전해질 것입니다.

디도스 사건

2011년 10월 서울시장 보궐선거가 있었습니다. 오세훈 서울시장이 무상급식 주민소환에 시장직을 걸면서 지방선거 1년여 만에 선거를 다시 치르게 되었습니다. 한나라당 나경원, 무소속 박원순 후보였습니다. 이른바 디도스 사건이 터졌습니다.

디도스 사건이란 한마디로 투표소를 찾지 못하게 하는 부정선거 사건입니다. 중앙선관위 홈페이지의 '투표소 찾기' 기능을 무력화시켜 유권자가 투표소를 찾지 못하게 하는 방법으로 나경원 후보를 돕기 위해 제가 운전사에게 서버 마비 공격을 지시했다는 것입니다. 독재국가에서 투표 안 한다는 말은 들었어도 투표는 하는데 투표소를 찾지 못하게 하는 부정선거 있다는 말은 들은 적이 없습니다.

투표소는 늘 있던 곳에 있고 유권자 개인마다 배달되는 투표통지표에 나오고 동사무소에 전화하면 바로 알 수 있습니다. 투표하기 싫어서 안 했다는 사람은 봤어도 투표하고 싶은데 투표소 못 찾아 못했다는 사람은 못 보았습니다.

경찰이 수사하고 검찰이 수사하고 특검이 수사했습니다. 547개 계좌를 추적했고 353개 통화내용을 조회했고 44명에 대해 62회 참고인 조사를 했습니다. 인턴 직원 집까지 압수 수색했습니다. 한 점 의혹이라도 한 푼의 돈이라도 나왔다면 저는 끝장났을 것입니다. 아무리 파도 나오는 것은 없었습니다. 묻힌 것이 없으니 나올 것도 없는 것입니다. 저는 참고인 조사만 받았습니다.

6월 특검 수사 결과가 발표됐습니다. 특검은 아무것도 없고 오히려 제가 억울한 부분이 있을 것 같다고 했습니다. 심신이 하도 피폐해져 억울하고 뭐고 말할 기운도 없었습니다. 아내는 아파트에서 뛰어내리고 싶다고 했습니다.

 이른바 친박 세력은 이 사건을 이용해 홍준표 대표 체제를 무너뜨렸습니다. 새로 들어선 박근혜 비대위는 첫 회의 첫 안건으로 저의 탈당을 결정했습니다. 박 위원장은 그 사건을 국기문란의 대사건이라고 규정했습니다.

 대사건으로 규정한다고 대사건이 되는 것이 아닙니다. 대 결과가 있어야 대사건이 되는 것입니다. 그라운드 제로가 있어 9.11이 대사건이고 3백여 명의 희생자가 있어 세월호가 대사건입니다.

 디도스 공격으로 중앙선관위 투표소 찾기 기능이 작동되지 않는 바람에 투표소를 못 찾아 투표 못한 사람이 단 한 명이라도 있었다면 국기문란 대사건보다 더한 말이라도 받아들이겠습니다. 그런 사람은 하나도 없었습니다.

 어쨌든 박 전 대통령은 당의 권력을 장악했습니다. 그 힘으로 19대 친박 공천하고 대선에서 승리해 나라의 권력을 잡았습니다. 그러니까 박근혜 대통령 체제는 디도스 사건을 국기문란으로 규정하면서 출발한 셈입니다.

 저는 무소속으로 출마했습니다. 형사사건이 아니라 정치

사건인데 참고인으로 조사받고 끝났다고 가만히 있다가는 누명 벗을 길이 영영 없어지겠다 싶었습니다. 당에서 공천은 했지만, 공천자와 저 둘 중 누구든 당선되면 되기 때문에 중립을 지킬 것으로 생각했습니다.

박근혜 위원장이 진주에 세 번 왔습니다. 문재인 후보 출마지역 다음으로 많이 간 곳이 제 지역이라고 했습니다. 도저히 이해되지 않았습니다.

박근혜 비대위는 제게 탈당 권유를 결정할 때 검찰에서 무혐의로 나오면 복당시키겠다고 했습니다. 2012년 1월 6일 검찰에서 무혐의라고 발표했습니다. 복당 신청은 하지 않았습니다. 어차피 선거용으로 만들어진 정치 사건이니 선거까지는 혼자 감당하자고 결심했습니다. 선거 끝나고 특검 발표 보고 복당 신청을 했습니다. 아무 대답이 없었습니다. 그렇게 4년이 흘렀습니다.

2015년 12월 31일 천신만고 끝에 복당되었습니다. 제 복당을 논의하기 위하여 최고위원들이 다섯 번 회의했다고 합니다. 최고회의 한번 하면 공천자 수십 명이 결정되는데 저의 복당 문제로 다섯 번 회의했다는 것입니다.

별 볼 일 없는 전직 의원일 뿐인 제게 왜 이런 일이 벌어졌을까에 대해 늘 의문이었는데 요즘 짐작이 갑니다. 저에 대한 대통령의 판단을 청와대 사람들이 모를 리 없고 당의 친박 지도부가 모를 리 없었을 것입니다.

결어

저는 어렵게 태어나 고단하게 살아왔습니다. 하지만 법을 어기면서까지 뭔가를 해야 한다는 생각은 한 적이 없습니다. 오래 정치를 지켜보면서 정치인이 돈과 관련된 사건으로 추락하면 재기가 거의 불가능하다는 사실도 잘 알고 있습니다. 법을 피해 선거운동을 하거나 돈을 써서 득표 활동을 하는 것이 실질적으로 무슨 의미 있는 효과가 있는지도 모르겠습니다.

'사실이라면 깃털 같을지라도 세상을 뒤흔들 것이고 사실이 아니라면 천둥 같을지라도 털끝 하나 건들지 못할 것이다.' 저의 좌우명입니다.

사실은 시간이 걸릴지라도 끝내는 모습을 드러낸다고 믿습니다. 그래서 아내와도 '나는 이렇게 말할 테니 당신은 저렇게 하세요.'라고 말을 맞추거나 일을 꾸미지 않습니다.

저는 제가 죽고 난 이후의 일에 관해서도 관심이 있습니다. 역사에 추호라도 오점을 남기면 후손들에게 미안해서라도 안 되겠다는 생각도 합니다. 이런 제가 다른 사람과 말을 맞추고 일을 꾸미는 것은 상상할 수 없는 일입니다.

탈당과 복당에 관해서는 설명이 필요할 것 같다. 2015년 12월의 당 최고회의는 내 복당을 거부했다. 2012년 6월 25일 복당 원서를 제출했으나 3년 반 동안 거들떠보지도 않고 있다가 2016년 4월 총선을 앞두고 다른 신청자들과 섞어서 함께 심사했다.

박근혜 비대위는 2011년 12월 27일 나의 탈당을 결정했다. 결정 사항을 발표할 때 당 대변인은 질문도 없었는데 '검찰에서 무혐의로 나오면 바로 복당시키겠다.'라는 말을 했다. 지나친 처사라는 미안한 마음을 가진 사람도 있었던 모양이다.

1월 2일 탈당했는데 비대위는 그 6일도 못 참았다. 검찰에서 새벽까지 조사받고 귀가해 쓰러져 자고 있는데 아침 일찍 전화가 왔다. 겨우 받았더니 박근혜 위원장께서 탈당하라고 했는데 왜 아직 안 하고 있느냐고 했다. 기가 막히고 만정이 떨어졌다.

며칠 뒤 검찰이 무혐의로 결정했다. 선거 앞두고 당에 부담을 주지 않기 위해 복당 신청조차 하지 않은 채 선거와 특검을 고스란히 혼자 감당했다. 6월 21일 특검 발표가 나오고 4일 후 복당을 신청했다. 그런데 3년 반 만에 열린 첫 심사에서 거부한 것이다. 거부하는 것을 보고 이렇게 입장을 발표했다.

12월 21일 최고회의에서 '2회 탈당은 복당을 보류한다'라고 방침을 정했다고 한다. 우리 정치 현실, 선거 현실에서 1회와 2회의 기준이 어떤 의미가 있는가. 동지의 정치생명만 아니라 인생이 걸린 막중한 문제에 대해 자의적인 기준을 일방적으로 밀어붙이는 것은 문제가 있다.

제 경우, 18대와 19대 총선에서 탈당했다. 18대는 박근혜 대통령이 당시 '나도 속고 국민도 속았다' '살아서 돌아오라'고 했던 공천학살 상황이었다. 김무성 대표를 비롯해 많은 사람이 탈당했다. 탈당을 통해 당이 잘못된 방향으로 가는 것을 막았다. 18대 탈당은 구당 행위였다고 하는 것이 맞다.

19대는 선거를 앞두고 부담을 덜어달라는 당의 요청에 따라 탈당했다. 억울한데도 당을 위해 피눈물 흘리며 탈당해 갖은 고초를 겪어온 동지에게 '이것이 2회 탈당'이라고 하는 것은 너무 심한 처사다.

2012년 1월 2일 탈당 때는 이렇게 발표했다.

제 주변의 일로 국민 여러분께 심려를 끼쳐 송구합니다. 제 직원이 저지른 일에 대해 현재 검찰수사가 진행되고 있고 엄정한 사법절차를 거쳐 합당하게 조처될 것입니다. 그 결과가 어떠하든 간에 직원을 제대로 관리하지 못한 부분에 대한 도의적 책임은 무겁게 느끼고 감당해 나가려 합니다.

이 사건과 관련해 저는 검찰에 출석해 장시간 강도 높은 조사를 받았습니다. 제가 알고 있는 것은 한 치 숨김없이 있는 그대로 설명했습니다. 지금까지도 경찰과 검찰의 수사 과정에서 모든 부분에 대해 무조건 협조했습니다만 앞으로 더욱 겸허한 마음으로 검찰과 법원의 엄정한 조사와 현명한 판단을 믿고 기다리면서 그 결과에 승복하겠습니다.

제가 선관위 디도스 공격과 관련이 없다는 것은 조상과 천지신명 앞에 맹세할 수 있습니다. 저를 공격하는 사람들도 이 사건에 제가 연루되지 않았다는 사실은 잘 알고 있을 것으로 생각합니다. 하지만 결과적으로 저의 직원의 일 때문에 당에 잘못한 것을 생각하면 그 심정 형언할 길 없습니다.

저는 오늘 당을 떠나고자 합니다. 당을 위해 저를 버릴 때가 되었기 때문입니다. 당의 부담을 조금이라도 줄이고 싶은 마음에 일 터진 직후 당직을 사퇴했고 탈당까지 생각했습니다만 일단 보류했습니다. 그런데 이제 검찰에 출석하여 조사받음으로써 수사 과정에서 제가 할 수 있는 일을 다 했기에 떠날 때가 왔다고 판단한 것입니다. 지금은 당을 떠나지만 무고함이 밝혀지면 돌아갈 기회가 있을 것으로 믿습니다.

탈당계를 쓰고 있는 이 시간, 제 손은 부들부들 떨립니다. 4년 전 제가 쓴 글을 꺼내 읽어보았습니다.

'저는 오늘 한나라당을 떠나 18대 총선에 출마하기로 했습니다. 한나라당은 제가 가장 사랑하는 분신 같은 존재입니다. 이토록 사랑하는 당을 떠나는 제 심정은 참으로 가슴이 찢어집니다. 저는 반드시 돌아올 것입니다.'

누구보다 당을 사랑하고 당에 헌신했다고 자부하는 제가 어찌하여 피눈물 흘리며 떠났다가 천신만고 끝에 돌아온 당을 다시 떠나야 하는지 기가 막힙니다. 진주 어른들은 최 의원이 왜 또 당을 떠나느냐고 만류하시는데 그 말씀 들으면서 다시 억장이 무너집니다. 하지만, 사랑하는 당을 위해 당을 떠나지 않을 수 없습니다. 존경하고 사랑하는 당원동지 여러분. 다시 뵙게 될 날까지 건승하기를 바랍니다.

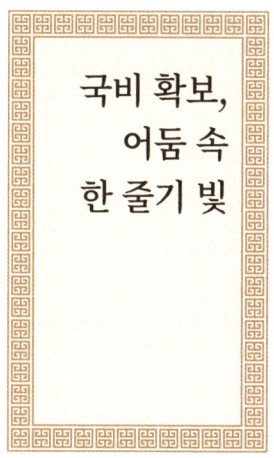

국비 확보, 어둠 속 한 줄기 빛

한국선비문화연구원 초대 원장으로 부임하면서 박태갑 사무처장과 함께 갔다. 박 처장은 산청군청 공무원 출신으로 내가 만난 사람 중 가장 뛰어난 능력의 소유자다. 2013 산청세계전통의약엑스포 때부터 같이 일했는데 호흡이 잘 맞고 성과도 좋았다. 부임 당시 내 사정이 그랬음에도 불구하고 박 처장이 있었기 때문에 그럭저럭 꾸려나갈 수 있었다.

연구원 사정을 파악하고 내린 결론은 국비를 확보해야 한다는 것이었다. 우리가 필요한 예산을 편성해 군청과 도청을 통해 문화부에 제출했다.

한편, 나의 재판은 탄원서도 내고 나름대로 준비했으나 2심 판결도 1심과 같았다. 심신이 무너져 내린 상태로 출근한 어느 날 박 처장이 "정부 단계부터는 원장님이 직접 나서지 않으면 안 된다."고 말했다. 참으로 힘들었으나 달리 방법이 없었다.

몸을 추슬러 관련자들을 접촉했다. 먼저 세종시 문화부 청사로 갔다. 문화부 관련자들을 만났더니 어처구니없다는 반응이었다. 국가 예산이 어떤 것인데 감히 그런 데 국비를 편성해 달라는 것이냐는 투였다. 한국선비문화연구원은 문화부 종무실 소관이었다. 최고 책임자인 종무실장을 만나게 되었는데 운 좋게도 고등학교 후배였다.

나는 국회의원 8년 중 6년을 문화부 담당 위원회에서 일했다. 노무현 정권 당시 언론장악 문제를 놓고 가장 첨예하게 맞붙어 있었기 때문에 언론계 출신으로 초선 때부터 간사가 되어 언론 상황 전반을 다루고 있었다. 후배는 그때부터 나를 높이 평가하고 있었다고 했다. 6년 동안 같은 공간에 있으면 웬만하면 고등학교 선배라고 찾았을 법도 한데 개인적으로 만난 적은 없었다.

그도 처음에는 매우 부정적이었다. 건국 이래 그런 곳에 국가 예산을 편성한 적이 없다고 했다. 선비문화, 전통문화에 대한 공직자들의 기본적인 시각을 알 수 있었다. 여러 번 만나 설득했다. 마침내 문화부 예산안에 들어갔다. 10억 원을 신청했으나 3억 원으로 줄었다.

문화부 예산안은 기획재정부로 넘어갔다. 문화부가 넘기 힘든 험산 준령이었다면 기재부는 넘을 수 없는 태산교악이었다. 우리를 대하는 태도부터가 문화부와는 완전히 달랐다. 어떻게 그런 생각을 할 수 있었느냐는 식이었다. 국회 예산심사 책임자, 당 최고위직, 청와대와 정부 등 모든 인맥을 동원해 백방으로 노력했으나 실패했다.

기재부에서 문화부 예산을 담당하는 최고위 관계자가 마지막으로 제안한 양보안은 '정부 원안 편성은 도저히 불가능하고 다만 국회에서 증액시키더라도 반대하지 않겠다.'는 것이었다. 기가 막혔지만, 양보라는 말이 맞는 말이기는 했다. 각 부처 예산심사에는 기재부 공무원이 반드시 배석하는데 증액할 때마다 동의 여부를 물어야 한다. 8년 동안 국회 있으면서 기재부가 증액에 반대하지 않는다고 하는 말은 한 번도 들어보지 못했다. 하기야 국회는 국민을 대신해 정부가 편성한 예산을 줄이는 것이 맞지, 늘리는 것은 원래 틀린 말이다.

하도 여러 곳에서 부탁이 들어가서 그런지 처음보다는 누그러져 있었다. 해 주고는 싶지만 유사한 요구가 전국 곳곳에서 들어와 있는 상황이라 한국선비문화연구원에 해 주고 나면 봇물 터지듯 모두 들어주어야 하는데 그럴 수는 없다는 것이었다.

예산부서 출신으로 정부 고위직에 있던 문중 출신 인사마저도 정부안에 들어가지는 못할 것이라고 했다. 선비문화 활성화 같은 데 국가 예산을 쓴다는 것은 애초부터 말이 안 된다는 것이 공무원들의 상식이었다. 서울로 세종시로 30차례 가까이 찾아다녔으나 좌절됐다.

그러는 와중에 대법원 확정판결이 나왔다. 원심 그대로였다. 10년 동안 공민권이 제한되고 7천여만 원에 이르는 추징금을 내라고 했다. 추징금은 한동안 내지 않았다. 낼 돈이 없었을 뿐 아니라 내고 싶지 않았다.

듣도 보도 못한 돈을 내고 싶은 생각이 없었다. 은행거래가 막히고 신용카드도 막혔다. 그래도 내지 않았다. 아득한 시절이었다.

당시 기재부 장관은 김동연 부총리였다. 박관용 전 국회의장과의 인연을 고리로 하여 몇 차례 만나 얼굴은 알았지만, 따로 만나거나 식사해 본 적은 없는 사이였다. 보통 때 같으면 염두에 떠올리지도 않았을 것이다. 하지만 그때는 내게 남아 있는 유일한 길이었다. 문자를 보냈더니 전화가 왔다. 이렇게 말했다.

"두 가지 드릴 말씀이 있다. 첫째, 부총리님 데리고 있는 사람들이 엘리트 공무원인지는 모르겠지만 역사에는 무지한 것 같다. 우리나라에 나라의 스승, 즉 국사(國師)라 일컬을 만한 분은 딱 두 분 계신다. 퇴계와 남명이다. 국사를 국비로 모시는 것은 국가가 당연히 해야 하는 일이다. 그런데 전국 방방곡곡에 있는 고만고만한 분 모시고 있는 데서 예산 달라고 한다고 그 구분도 못해 다 같이 못 주겠다는 것은 역사를 몰라도 너무 모르는 일이다.

두 번째, 부총리님 아시는 것처럼 저는 죄짓고 살려는 사람이 아니다. 내가 무슨 죄를 지었는지 모르지만 이미 죽었다. 이번 예산 되더라도 살아날 수 있을지 모르겠다. 하지만 안 되면 살아날 길이 전혀 없어진다."

할 수 있는 마지막 일이라 했을 뿐 기대하지는 않았다. 들리는 모든 이야기가 안 된다는데 무슨 기대를 했겠나. 몸에 병이 찾아왔다. 걷기도 힘들었다. 두문불출했다. 도저히 안 되겠다 싶어 아내에게 전화를 걸어 증상을 설명했더니 큰일 난다며 당장 병원에 가보라고 했다. 집 앞에 있는 병원에 거의 기어가다시피 했다. 병원 문을 열고 들어가는 데 전화가 왔다. '김동연'이라는 발신자 이름이 떴다. 병원 문을 닫고 나왔다. 참 배려심 많은 분이라고 생각했다. 안 됐다고 통보라도 해 주는구나 싶었다.

전화를 받았더니 "의원님, 3억은 너무 적지요."라고 했다. 워낙 기진맥진한 상태라 처음에는 무슨 소린지 잘 알아듣지 못하고 있다가 "적기는 하지요."라고 했더니 "그래서 6억으로 증액시켰다."고 했다. 인사도 제대로 못 하고 전화를 끊었다. 깜깜한 칠흑 같은 나의 어둠 속에 비쳐 든 한 줄기 빛이었고 한 가닥 구원의 동아줄이었다.

큰 은혜는 전혀 예기치 못한 의외의 곳에서 온다는 말을 듣기는 했는데 이것인가 싶었다. 내가 큰 도움을 준 사람 중에는 아예 전화를 받지 않는 경우가 있었다. 김동연 부총리는 나에게 그렇게 해 줄 어떤 이유도 없는 인연인데 그런 일이 벌어진 것이다. 조금 있으니 종무실장에게서 축하 전화가 왔다. 관심을 두고 예산이 진행되는 절차를 계속 주목해 보고 있었다.

국회에서 최종 통과될 때까지 숨도 크게 쉬지 못했다. 6억으로 통과됐다. 김동연 부총리는 이듬해에는 1억 더 증액시켜 주었다. 내 인생의 가장 큰 은혜는 그런 모습으로 내게 찾아왔다. 남명 부활 초기 단계에서 관련 유적이 국가사적으로 지정된 것이 결정적인 디딤돌이 되었다면 이번에는 국가 예산으로 편성된 것이 같은 역할을 했다. 예산 액수의 많고 적음이 문제가 아니라 국가에서 공인해 준다는 의미가 있기 때문이다. 이후 순풍에 돛단 듯 나아갔다.

연구원 관점에서 가장 중요한 기관은 경남도청이었다. 산청군청의 힘만으로 정부를 움직이기는 역부족이었다. 행정단위가 크고 작은 문제라기보다 중앙정부 입장에서 군청의 요구는 너무 개별적이고 지엽말단적으로 보이는 것 같다. 반면 도청이라는 단계를 거쳐 올라오면 나라 차원에서 좀 더 일반적이고 공적이고 명분도 있게 보는 것 같았다.

부임 당시만 해도 경남도청은 연구원에 대해 별 관심이 없었다. 관심이 없다기보다 귀찮아하거나 싸늘했다고 하는 것이 맞겠다.

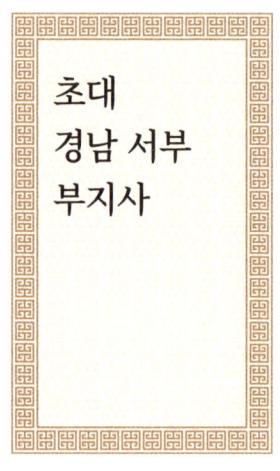

초대
경남 서부
부지사

    2015년 1년 동안 경상남도 정무부지사로 일했던 것이 큰 도움이 되었다. 관련 공무원들이 대부분 함께 일한 사람들이었고 그렇지 않더라도 한 다리만 건너면 알 수 있었다. 부지사는 도정 전반을 다루기 때문에 도청 직원 전원과 관련이 있었다고 할 수 있다. 만나자고 하면 만났고 만나면 해결되었다. 부지사로 있을 때 모두 존중하고 겸손하게 대하자고 나름대로 노력했는데 그 결과가 이때 나타났다. 언제 어디서 어떻게 만날지 모르니 누구에게든 최선을 다해야 한다고 생각하며 살았지만, 더 그래야겠다고 다짐했다.

부지사로 했던 일 중 두 가지는 잊히지 않는다. 하나는 8.15 광복절 기념식에서 기념사를 한 것이다. 국가 기념식은 도 단위로 거행하기 때문에 진주에서는 광복절 기념식이 열린 적이 없다. 그런데 그해에는 홍준표 당시 경남지사가 내 책임으로 진주에서 하도록 했다.

홍 지사는 경남도청을 창원 본청과 서부청사로 나누고 서부청사는 진주에 두었다. 경남도청은 원래 진주에 있었는데 1925년 일본 강점기에 부산으로 옮겼다. 1983년 부산직할시에서 경남도로 환원됐으나 원위치로 돌아오지 못하고 창원으로 갔다. 홍 지사는 그런 역사를 감안해 서부청사를 신설하고 정무부지사를 서부부지사로 개명했다. 나는 초대 서부부지사 자격으로 기념식을 했다. 그런 역사성을 감안해 심혈을 기울여 준비한 기념사에서 이렇게 말했다.

"존경하는 경남도민 여러분, 안녕하십니까. 지금 우리는 70주년 광복절 경축식을 거행하고 있습니다.
진주에서 광복절 경축식이 열리는 것은 이번이 처음입니다. 국경일 행사는 도청소재지에서 열리기 때문입니다. 어떻게 해서 광복절 경축식이 진주에서 열리게 되었는가, 설명하는 것으로 제 말씀을 시작하고자 합니다.

4월 30일 서부청사 조례가 공포됐습니다. 7월 3일 서부시대 개막선언 및 기공식을 했습니다. 이로써 경남도청 서부청사 시대가 사실상 막이 올랐습니다. 1896년 처음 생길 때부터 진주에 있던 도청이 일제 치하이던 1925년 떠나간 후 90년 만에 서부청사 이름으로 돌아온 것입니다. 해방되던 1945년은 이미 도청이 없는 상태였기 때문에 이번 경축식은 진주 천년 역사상 처음 있는 일입니다. 이 얼마나 감격스러운 일입니까. 이 자리에는 경남 18개 시군의 딱 절반인 9개 시군이 참석해 있습니다. 진주, 사천, 남해, 하동, 고성, 거창, 함양, 산청, 합천에서 많은 공직자와 지도자들께서 오셨습니다. 고맙습니다.

존경하는 도민 여러분, 독립유공자와 유족 여러분,

오늘 우리는 나라를 위해 헌신하신 순국선열과 애국지사님들의 숭고한 정신을 기리기 위해 이 자리에 모였습니다. 먼저 조국 광복을 위해 생명을 바치신 순국선열께 머리 숙여 경의를 표합니다. 김성숙 광복회 경남지부 서부연합지회장님, 화유전 유족대표님을 비롯한 광복회와 유족 여러분께 감사의 말씀을 드립니다. 이 자리에는 특별히 존경과 감사를 드릴 분이 계십니다. 광복 후 70년이 흘렀기 때문에 독립운동에 직접 참여하셨던 분들은 많이 돌아가셨습니다. 올해 3월 현재 생존 독립유공자가 81분이신데 12일 청와대 오찬에 참석한 분이 20여분 밖에 안 될 만큼 건강상태가 좋지 않으신 모양입니다. 경남에 두 분, 서부 경남에는 한 분 계십니다.

도민 여러분, 정규섭 독립유공자 애국지사님을 큰 박수로 맞아 주시기 바랍니다. 정규섭 애국지사님은 일제가 마지막 발악을 하던 1944년 당시 16세의 진주고보 학생으로 광명회 사건으로 부산교도소에 투옥됐습니다. 모진 고문으로 감옥에서 옥사한 분, 후유증으로 석방 직후 돌아가신 분이 있을 정도로 큰 항일운동 사건이었는데 정 애국지사님은 해방 직전 기적적으로 병보석으로 풀려나셨습니다.

정 애국지사님은 임진왜란 당시 가토 기요마사에게 연전연승을 거둔 북관대첩비의 영웅 정문부 의병장의 13대 종손이기도 한데 항일애국 정신은 유전되는 것 같습니다. 오래 건강하게 사시면서 후손들의 본보기가 되어 주실 것을 부탁드립니다. 다시 한번 박수를 제안합니다.

저는 어디든 갈 때마다 역사의 현장을 찾아봅니다. 우리가 어디서 어떻게 왔는지를 알아야 어디로 어떻게 나아갈지 알 수 있다는 생각에서입니다. 중국에서는 안중근 의사의 여순감옥과 윤봉길 의사의 훙커우 공원을 방문했고 미국에서는 전명운 장인환 의사의 샌프란시스코 의거 현장을 가보았습니다. 안중근 의사 기념관에서는 형장에 끌려가기 두서너 달 전에 쓰신 휘호 앞에서 한참 동안 서 있었습니다. 그때 나이 31세. 그라고 죽음이 두렵지 않고 목숨이 아깝지 않았겠습니까. 하루하루 다가오는 죽음을 마주한 채 일제 간수 앞에서 약해지지 않으려 자신을 스스로 다그치며 한 자 한 자 써 내려갔을 청년의 모습이 떠올라 하염없이 눈물이 흘렀습니다.

24세의 윤봉길 의사는 김구 선생과 이별하면서 '새로 산 제 시계는 몇 시간밖에 쓸 일이 없으니 선생님의 낡은 시계와 바꾸자'라고 한 뒤 마지막 길을 떠났습니다. 31세의 이봉창 열사는 김구 선생이 슬퍼하는 것을 보고 자신은 영원한 즐거움을 얻기 위해 가는 것이니 너무 슬퍼하지 마십시오, 오히려 위로하며 떠났다고 합니다. 오늘의 대한민국은 이런 위대한 선조들의 피와 땀과 눈물과 목숨 위에 세워진 것입니다.

물을 맛있게 마실 때는 그 우물을 판 사람의 고마움을 생각하라 했습니다. 고마움을 모르는 사람에게는 고마워야 할 일이 생기지 않는다고 했습니다. 정규섭 애국지사님 고맙습니다. 유족님 고맙습니다. 대한민국의 기적을 이루어주신 선배

세대님 고맙습니다."

또 하나는 서부청사 준공식 기념 식사를 한 것이다. 서부 경남에서 모인 수천 명 앞에서 이렇게 말했다.

"경남 서부 시대가 막을 올립니다. 90년 전 통곡 속에 떠나보내야 했던 도청이 서부청사의 이름으로 돌아옵니다. 멈추어 섰던 맥박이 힘차게 뛰기 시작합니다. 국토 균형발전에 중대한 전기가 마련됐습니다.
'북평양 남진주'라는 말이 있습니다. 선조들의 이 땅에 대한 지혜의 정수입니다. 아득한 옛날 유라시아 대륙을 건너 바이칼호를 지나 삼천리 금수강산에 처음 터 잡으신 이래 우리 민족은 수만 년을 이 땅에서 살았습니다. 북으로는 평양이 남으로는 진주가 한반도에서 가장 중요하다는 사실을 선조들께서 몸으로 깨달았고 대대로 전해 내려오다가 마침내 북평양 남진주라는 말속에 녹아들게 된 것입니다.
역사 이래 진주는 나라의 중심이었습니다. 본관으로 사용되는 도시가 있습니다. 경주가 김씨, 이씨, 박씨 등 87개 성의 본관으로 가장 많이 사용되고 진주가 강씨, 하씨, 정씨 등 80개로 두 번째입니다. 고려 때까지 진주가 천하제일향이었다는 증거입니다. '조정 인재 반재영남 영남 인재 반재진주' 조정 인재의 4분의 1이 진주사람이라고 놀라워했다는 왕의 이야기도 있습니다. 임진왜란 때 진주대첩이 없었다면 나라의 운명이 어떻게 되었겠습니까. 진주성이 무너졌다면 이순신 함대는 바다로 내몰렸을 것이고 호남의 곡창은 빼앗겼을 것입니다. 3,800명이 3만 명을 맞아 진주성을 지켜냄으로써 바람 앞의 등불이던 조선을 구해 낸 것입니다.

1896년 8월 도청 처음 생길 때 진주가 도청소재지가 된 것은 당연한 일이었습니다. 일제가 없었다면 선조들의 지혜 말씀처럼 중앙에는 서울이 북에는 평양이 남에는 진주가 중심이 되었을 것입니다. 그렇게 되었다면 서부 경남과 동부 전남은 하나로 연결되어 남부 수도권이라는 거대한 공동체로 성장했을 것입니다. 그렇게 되었다면 현대사 미완의 과제인 지역감정 문제도 지금과는 많이 달라졌을 것입니다. 1925년 4월 도청이 떠났습니다. 많은 일들이 벌어졌습니다. 서부 경남은 발전에서 소외되었고 6대 낙후지역으로 전락했습니다.

90년 만에 도청이 돌아옵니다. 진주가 제자리를 찾게 됩니다. 진주의 부활은 진주만의 일이 아닙니다. 정문일침, 정수리 침한 방으로 몸 전체가 깨어나는 것처럼 진주로 말미암아 전 국토가 활기차게 살아날 것입니다. 진주를 넘어 국가의 경사입니다. 물을 맛있게 마실 때는 그 우물을 판 사람의 고마움을 생각하라 했습니다. 홍준표 지사라는 지도자가 아니었다면 이 일은 출발도 힘들 것입니다. 진주와 서부 경남은 홍준표 지사의 이름을 길이 기억할 것입니다.

서부 청사 기공식은 역사적인 사건입니다. 1백 년에 걸친 근현대사의 아픔을 국가의 근본인 땅으로부터 치유하기 시작하는 날입니다. 북평양 남진주로 균형 잡힌 아름다운 통일 조국의 앞날을 그려봅니다. 감격스럽고 또 감격스러운 일입니다. 오늘 이 영광의 날 여러분 앞에 선언합니다. 위대한 서부 시대 개막을 선언합니다."

    남명 사상 전승을 위한 국비를 확보하자 경남도청은 문화관광국에 남명을 담당하는 계까지 신설할 정도로 적극적으로 나섰다. 경남도의회는 남명을 현창하는 조례를 만들었다. 국비에 대응해 도비가 편성됐다. 산청군청에서 군비를 편성한 것은 말할 것도 없다. 교육청도 큰 관심을 보였다.

    연구원은 모든 부문에서 급성장을 거듭했다. 3년 차인

2019년 1년 연수 인원이 2만 5천 명을 돌파했다. 관련 업계에서는 이 정도면 거의 기적이라고 평했다. 연구원 옆에 있는 통닭집은 배달 오토바이를 승용차로 바꾸었다. 동시 주문 물량이 너무 많아 오토바이로는 감당이 안 됐다고 한다.

2020년 1월 이사회 때 올해가 한국선비문화연구원이 흑자로 돌아서는 원년이 될 것이라고 보고했다. 며칠 후 코로나가 터졌다. 연구원은 적막강산으로 변했다. 숨만 쉬며 견뎌야 했다. 코로나가 끝나자 금세 원상으로 회복됐다. 한국선비문화연구원은 이미 하나의 이름이 되어 있다는 사실을 확인했다.

지나온 길을 되돌아보니 깊은 한숨이 나온다. 남명 모시는 일이 나의 패밀리 비즈니스라는 생각을 다져오지 않았어도 여기까지 올 수 있었을까.

기/고/문

수우당 복향을 지켜보며

김경수 박사

사단법인 남명학연구원 초대사무국장
남명 선생 탄신 500주년 기념사업회 사무국장
경상국립대 외래교수

    2001년 남명 탄신 500주년을 맞아 남명 선양사업은 새로운 차원으로 도약하게 되었다. 기념사업 준비과정에서 학계로부터 덕천서원에 수우당을 복향해야 한다는 의견이 나오기 시작했다. 문중에서는 조옥환 부산교통 사장이 나섰다. 반대파들을 설득하면서 수우당 문중과 접촉을 시작했다.

    조옥환 사장은 당시 남명학연구원 사무국장이던 필자를 통해 수우당 종손을 만나 의중을 알아보도록 했다. 수우당 12대 종손 술암 최준열 옹은 이이재를 이끌고 있던 회천 최인찬과 막역한 사이였는데 최인찬이 필자의 처숙부였기 때문이다. 처숙부 최인찬을 통해 정식면담을 간청하여 어렵게 자리를 마련했다. 한정식집의 조용한 방에서 세 사람이 만났다. 옹은 작고 마른 체구임에도 눈에서는 형형한 빛을 발하고 있어 모습이 매우 인상적이었다.

절을 드리니 앉아서 반절로 답배하고는 "이런 늙은이를 무슨 이유로 보자고 하는가."라고 물었다. "수우당 선생을 덕천서원에 복향하는 문제로 조옥환 사장이 문중의 의견을 모아서 먼저 저에게 어르신의 의향을 여쭈어보라고 하여 이렇게 뵙자고 하였습니다."라고 답했다.

옹은 "그 일은 내 눈에 흙이 들어가기 전에는 할 수 없네. 나는 일자무식이라 세상일에도 무지하지만, 유림의 일에는 더욱 아는 바가 없네. 그 일이 얼마나 중요하고 중요하지 않은지는 나는 모르겠네. 다만, 내가 아는 것은 선친께서 평생 그 일에 대해서 가슴에 한을 품으시고 살다가 임종의 순간에 나에게 마지막으로 남기신 유언과 그 눈빛을 나는 평생 잊을 수가 없다는 것이네. 선친께서는 나에게 '앞으로 어떤 일이 있어도 절대로 수우당 선조의 위패를 다시 덕천서원에 복향하는 일은 하지 말라.'고 하셨네. 그러기에 나로서는 그에 관한 이야기는 두 번 다시 거론할 수 없다네. 미안하지만 그리 전해 주게."라고 했다.

그 말씀을 하는 순간 옹의 눈가에는 눈물이 맺혔는데, 지금도 그 모습이 생생하게 남아 있다. 그리고 그다음에 이어진 그분의 말씀에 필자는 참으로 깊이 감동하였다.

"나는 선친의 임종을 지키면서 직접 한 맺힌 유언을 들었기에 내 생전에는 그 일에 절대 동의할 수 없네. 하지만 나는 이런 원한이 대를 이어 계속된다는 것 또한 좋은 일이라고는 생각하지 않네. 내 생전에는 불가하지만 내가 죽고 난 다음 내 자식들이 어떤 결정을 하든 상관하지 않을 것이네. 후세의 일은 후세의 사람들이 알아서 판단하는 것이지 내가 결정할 문제가 아니기 때문일세."

필자는 이 말을 듣고 "어르신 말씀이 무슨 뜻인지 잘 알겠습니다. 그렇게 전해 드리겠습니다."라고 정리하고는 식사를 들이라고 했다. 그러자 뜻밖에도 옹께서 "이 사람아, 내가 자네에게 저쪽에서 원하는 답을 주지도 못했는데 무슨 의미로 그쪽에서 대접하는 밥을 먹을 수 있겠나. 나는 그만 일어나보겠네."라고 하시는 게 아닌가.

필자는 놀라서 "어르신 그렇게 생각하지 마십시오, 그런 식사가 마음에 들지 않으신다면 제가 어르신께 개인적으로 음식을 대접해 드리겠습니다. 결코 연구원이나 조옥환 사장이 주는 돈으로 음식을 대접하지는 않겠습니다. 오랜만에 마침 처숙부님도 함께 계시니 두 분을 모시고 음식을 대접해 드릴 기회를 주시면 감사하겠습니다."라고 했다. 옹께서는 처숙부를 돌아보시고는 "허허, 내가 오늘 회천 덕분에 회천의 질서가 사주는 비싼 점심을 먹게 되는데, 그렇게 해도 되겠는가."라고 하시고는 식사에 응하셨다.

필자는 회동 결과를 그대로 조옥환 사장에게 전달했다. 조옥환 사장은 "그래, 그럴 줄 알았다. 그 마음이 쉽게 풀리겠는가. 그러나 희망적인 이야기도 있으니 조금 더 세월이 가면 해결할 길이 있겠네. 좀 더 기다려보는 수밖에."라고 했다. 그렇게 그 일은 일단락되었다.

기념사업은 성공적으로 끝났다. 남명 선양사업은 커다란 한 획을 긋고 숨 고르기에 들어갔다. 그러던 중 2006년 술암 최준열 옹께서 세상을 떠났다. 옹의 큰아들은 건강이 좋지 않은 상태였다. 어려서부터 부친을 따라다니면서 유림의 인물들을 접했던 막내아들이 대외적으로 문중을 대표하는 역할을 하면서 대소사를 처리하고 있었는데 그가 최구식이다.

최구식은 대학 시절 방학이 되면 진주로 내려와 부친의 명에 따라 한학을 공부하기 위하여 이이재로 회천 선생을 찾아 「맹자」를 읽었다. 회천은 많은 제자를 길렀는데, 제자 중에서 최구식이 가장 먼저 입문한 셈이다.

최구식은 2004년 총선에서 진주 국회의원으로 당선되었다. 유림 사회를 잘 알고 있었기에 이이재를 중심으로 한 진주 유림의 지지를 받았다. 필자도 그 무렵 공식적으로 최구식과 알게 되었다. 회천 제자들 모임인 '동연회'를 통해서였다. 최구식은 진주가 배출한 국회의원으로서는 진주를 위하여 가장 많은 일을 한 인물로 평가된다. 인생도 그렇고 정치적으로도 많은 부침을 겪었지만, 그가 재선 의원으로서 8년 동안 진주를 위해 이룬 업적은 정당한 평가를 받을 필요가 있다.

부친이 세상을 떠난 후 최구식에게 또 다른 사명이 주어졌다. 한국선비문화연구원 설립을 위하여 노력하고 있던 조옥환 사장이 건립비용을 국비로 지원받기 위하여 도움을 요청할 수 있는 사람이 바로 최구식이었다. 그런 계기를 통하여 조옥환 사장은 한편으로는 한국선비문화연구원 설립을 위한 국비 지원을 요청하면서 다른 한편으로는 다시 수우당 복향을 요청하였다. 사실 남명 후손으로서는 잘못된 일을 바로잡는 가장 중요한 일이기도 했다. 학계와 유림의 요구와 비판을 더 이상 좌시할 수 없는 상황이 된 것이다.

당시 최구식 문중의 원로는 최병렬 전 서울시장이었다. 조옥환 사장의 간청을 받은 최구식은 고민 끝에 최병렬을 찾아

논의하였고, 최병렬은 그 문제의 최종결정권은 최구식에게 있는 것임을 상기시켰다.

최구식은 여러 사람의 의견을 두루 경청하고 최종적으로 대범한 결단을 내렸다. 수우당의 위패를 다시 덕천서원에 복향하기로 했다. 2013년, 덕천서원이 훼철되어 수우당의 위패를 모셔가게 된 때로부터 무려 142년 만에 다시 그 위패가 제자리로 돌아오게 된 것이다. 이제 수우당의 위패는 원래 있었던 자리인 덕천서원 숭덕사의 동쪽 편에 봉안되어 춘추 향사에서 스승과 더불어 흠향하고 있다. 덕천서원 춘추 향사 때 수우당에 대한 상향문은 다음과 같다.

'嗚呼 先生 學務爲己 識造明決 道存守爲 功侔距闢(아! 선생께서는, 학문은 위기(爲己)에 힘썼고, 식견은 명결(明決)함을 지녔다. 도는 수신을 으뜸으로 삼았고, 공은 이단을 물리침과 대등하다.'

필자가 보기에 이제 한 가지 일을 더 되돌려야 한다. 원래 덕천서원 뜰에 세워져 있던 '선조사제문비'를 다시 그 자리에 가져다 놓아야 한다. 역사는 역사대로 두어야 하기 때문이다.

2016년 한국선비문화연구원 개원

2007년 남명을 계승하고 선양시키는 중심축의 역할을 할 기관 설립이 절실하다는 데 의견이 모였다. 한국선비문화연구원 설립을 위한 발기인 총회를 열고 추진에 들어갔다. 조옥환 사장이 10억 원을 출연했고 당시 국회의원이던 최구식이 국비 190억 원을 확보했다.

  2010년 8월 기공식을 하고 2016년 2월 1단계 건축을 완료하고 준공식을 했다. 4월 재단법인 남명학진흥원에 위탁해 운영하기 시작했으나 홍보 부족, 인력 부족, 자금 부족 등으로 극심한 어려움에 직면했다. 최구식을 원장으로 초빙해야 어려움을 타개할 수 있다는 쪽으로 의견이 모였다.

  11월 원장으로 부임한 최구식은 궁리 끝에 2017년 정기국회에서 국비 6억 원을 확보해 활로를 열었다. 이듬해부터는 해마다 국비 7억 원과 지방비 5억 원 등 12억 원을 확보해 연구와 연수 분야의 목적사업비로 활용하고 있다. 성장을 거듭하던 연구원은 코로나 때문에 한때 주춤했으나 다시 재도약의 기회를 맞고 있다.

  수우당은 남명 학파의 본류이다. 특히 진주를 중심으로 하는 서부 경남 남명 학파를 거론한다면 단연 수우당이 남명의 적자라고 할 수 있다. 남명이 세상을 떠나고 서원 건립을 논의

할 때 과감하게 서울 생활을 청산하고 진주로 이사하여 건립의 시작부터 마무리까지 책임졌다. 건립 후에는 원장을 두지 않은 상태에서 사실상 원장 역할을 맡아 서원을 운영하면서 지역 사림의 우뚝한 사표로 자리 잡았다. 당시 덕천서원을 출입한 원생 중 많은 이들이 수우당의 문하생이었다.

'진양지' 인물 조에는 남명 바로 다음에 수우당이 등재돼 있다. 450년 전 스승을 기리고 정신을 계승하기 위한 활동의 맨 앞에 서서 덕천서원을 통한 각고의 노력을 기울인 인물이 수우당이다. 450년 후 현대사회에서 남명 사상을 계승하고 발전시키는 일을 위해 한국선비문화연구원 설립과 운영에 가장 큰 노력과 성과를 일구고 있는 인물이 최구식이다. 최구식은 수우당의 13대 직손이다. 450년 전 13대 조부가 하던 일을 450년이 지나 그의 13대 후손 최구식이 이어받아 진행하고 있다. 이 일이 우연인가? 나는 우연이 아니라고 생각한다.

역사는 순환한다. 450년 시간을 넘어 최구식이 13대조를 이어받아 하는 일은 진주지역 남명 학파 본류로서 책임감과 사명감이 발휘된 것이다. 진주의 남명 학파는 수우당으로부터 계승되고 있는 것이며 최구식은 오늘날 그에게 주어진 임무를 성실히 수행하고 있다.